ANTOLOGÍA
DE LA POESÍA ESPAÑOLA
DEL SIGLO XX

I

(1900-1939)

COLECCIÓN FUNDADA POR
DON ANTONIO RODRÍGUEZ-MOÑINO

DIRECTOR
DON ALONSO ZAMORA VICENTE

Colaboradores de los volúmenes publicados:

ANTOLOGÍA
DE
LA POESÍA ESPAÑOLA
DEL SIGLO XX

I
(1900-1939)

Edición,

introducción y notas

de

JOSÉ PAULINO AYUSO

clásicos castalia

Madrid

Copyright © Editorial Castalia, S.A., 1996
Zurbano, 39 - 28010 Madrid - Tel. 319 89 40

Cubierta de Víctor Sanz
Fotocomposición: SLOCUM, S.L.
Impreso en España - Printed in Spain
Unigraf, S.A. - Móstoles (Madrid)

I.S.B.N.: 84-7039-738-9 (tomo I)
I.S.B.N.: 84-7039-740-0 (obra completa)
Depósito Legal: M. 9.264-1996

SUMARIO

A la memoria de mi padre.

A la memoria de Florencio Segura
y de Luis Rius,
en la amistad y la poesía.

INTRODUCCIÓN CRÍTICA

I. Dos perspectivas antológicas de la poesía:
   1900-1934

La extensa *Antología* de Federico de Onís[1] venía a recoger, al inicio de los años treinta, el variado e intenso movimiento de la poesía en lengua española desde el comienzo del siglo, resaltaba la riqueza y renovación del lenguaje lírico, y, a la vez, colocaba su visible multiplicidad en un marco coherente, significativo a sus ojos de crítico, que denominaba el "Modernismo". Algo importante permanece en esta caracterización, y es la fecunda iniciativa que se establece con el cambio de siglo y su vigencia hasta la contradicción de las vanguardias, que se le oponen en su fase de decadencia, creando una nueva poesía y un nuevo lenguaje. Otra cuestión es que la herencia general del "modernismo", como actitud poética, no haya desaparecido enteramente, como se atestigua por antologías y obras de poetas de la segunda mitad de este siglo.[2]

---

[1] F. de Onís, *Antología de la poesía española e hispanoamericana (1882-1932)*. Madrid, Centro de Estudios Históricos, 1934.

[2] Me refiero a la poesía del grupo *Cántico*, pero también a la revisión que hace G. Carnero en su antología; a la antología de la poesía modernista de Gimferrer, además de su obra, así como a la de I. Prat. Una observación de Dámaso Alonso pone

9

Junto a este afán hasta cierto punto sistemático de la *Antología,* Federico de Onís propone la consideración del carácter "universal" de esta "nueva época" de la literatura en lengua española, que le induce a plantearse la obra como una amplísima muestra de la poesía hispánica: más de 150 poetas seleccionados de Hispanoamérica y España, desde el postromanticismo hasta el momento mismo de la publicación.

En tercer lugar, advierte que esa unidad universal tiene a su vez una gran contradicción interna, por razón del individualismo y anarquía, que sólo se identifica con el afán de innovación producido por una situación social y cultural de ruptura con lo anterior. Y así define el "Modernismo" como "la forma hispánica de la crisis universal de las letras y del espíritu que inicia hacia 1885 la disolución del siglo XIX, y que se había de manifestar en el arte, la ciencia, la religión, la política y gradualmente en los demás aspectos de la vida entera".[3]

Por los mismos años, sin embargo, y aun adelantándose en la publicación, el joven poeta Gerardo Diego cumplía también el propósito de reunir, en la propia *Antología,* a los miembros más caracterizados de su generación.[4] En esta obra crucial y significativa, de nuevo reeditada,[5] se pasa revista también al mismo

---

en evidencia —y es lo que pretendo ahora— la continuidad poética en toda la primera mitad del siglo: "Resulta, pues, que, considerado muy a vista de pájaro el proceso poético español, desde fines del siglo pasado hasta la generación de que hablamos [1927] no hay ninguna discontinuidad, ningún rompimiento esencial en la tradición poética". *Poetas españoles contemporáneos.* Madrid, Gredos, 1978 (3.ª), p. 161.

[3] F. de Onís, *Antología,* cit., p. XV.

[4] G. Diego, *Poesía Española. Antología. 1915-1931.* Madrid, Signo, 1932. La amplía, después de la polémica suscitada, en *Poesía Española. Antología (Contemporáneos).* Madrid, Signo, 1934.

[5] *Antología de Gerardo Diego. Poesía Española Contemporánea.* Ed. Andrés Soria Olmedo. Madrid, Taurus, 1991 (Clásicos Taurus).

periodo, pero de manera mucho más selectiva y con una visión particular. El antólogo presenta al grupo de poetas que conocemos como generación de 1927, vinculándolo a las grandes voces líricas del siglo. Así, el primer poeta joven es Moreno Villa y el último Juan Larrea. Antes, sólo están Unamuno, los Machado (Antonio y Manuel) y Juan Ramón Jiménez.

No sólo la radical reducción de nombres es significativa, sino también la pretensión de mostrar lo que es, para Diego y su grupo, la poesía "contemporánea" española, aunque esta palabra no aparezca en el título. Afirma el antólogo y prologuista que hay en la obra "un programa mínimo, negativo y una idealidad común que une en cierta manera a todos estos poetas, aparte de los lazos de mutua estimación y recíproca amistad que los relacionan".[6] La selección no es de nombres solamente, sino, sobre todo, de orientación, de perspectiva: poesía, con un alto nivel de exigencia y depuración, frente a la lírica "literaria", que aquí podemos llamar "modernista" en sentido estricto (incluyendo su fase de decadencia).

Marca así la *Antología* de Gerardo Diego, como síntoma perceptible, la ruptura y la plena instauración de un nuevo ciclo que, a raíz de la agitación de las vanguardias, vendría a configurarse de manera más articulada y plena con el grupo de poetas ahí representados, en la década de los veinte. Si están histórica y cronológicamente vinculados al "modernismo" como presenta Onís, son los definidores de un nuevo ciclo que pretende de algún modo negar la validez del anterior, para esos años, excepto en el caso de aquellos pocos autores que habían esencializado su voz poética y podrían suponer la "tradición viva".

Después de los debates, recogidos y respondidos en su "Prólogo a esta nueva edición" (1934), la segunda versión ampliada (en la cronología, 1900-1934, y en el número de autores) es más bien otra obra, según su

---

[6] Cito las palabras de Gerardo Diego en su "Prólogo" de 1932 por la edición mencionada de Andrés Soria, p. 669. Y ver pp. 667-668 para la concreción del programa.

propio autor, que parece buscar de forma expresa la línea dominante que enlace ese estricto presente con su comienzo, época de Rubén Darío, manteniendo los nombres de Miguel de Unamuno, Antonio y Manuel Machado, Juan Ramón Jiménez y colocando junto a ellos la constelación de poetas que completan el periodo. Se trataría además del volumen final (pero único que apareció) de un proyecto de cinco, abrazando toda la poesía española.

Tomando como punto de referencia esas dos selecciones, tan distintas de planteamiento, podemos advertir, lectores de hoy, la diversidad sincrónica de voces y tendencias, a veces coincidentes, otras discrepantes, que nos permiten reconocer un complejo y continuo proceso de oposición, ruptura y reintegración, en el cual se realiza la selección, por parte de los más jóvenes, de los elementos lingüísticos, formales y temáticos de la poesía anterior que pueden perdurar, al ser acogidos y transformados por ellos. Hay vías cegadas, puramente recuerdos históricos, con frecuentes declives; pero la poesía escrita en España, en lengua castellana, durante el siglo XX, se nos ofrece con notable viveza, valor y vigencia, merecedora especial de un título como "edad de plata", ya que, como dijo Salinas —y posiblemente el tiempo no ha desmentido— el signo de la literatura española del siglo XX es el signo de la lírica. Y ello, tanto por el reconocimiento absoluto de algunas figuras señeras, como por la continua interacción de los movimientos y los ciclos.

La necesaria esquematización a que obliga una exposición compendiada nos sugiere apreciar una primera fase de ruptura con lo anterior que es el "Modernismo", en la cual los factores autóctonos (representados por Salvador Rueda) se verán completados y, sobre todo, impulsados por la influencia de Rubén Darío y la fecundación de la literatura foránea (francesa, inglesa, rusa, escandinava...). Aunque a partir de 1905/1906 se percibe la declinación, su trayectoria general, en continuadores más o menos importantes, puede prolongarse hasta 1916.

Es el año de la muerte de Rubén y de la composición del libro de Juan Ramón *Diario de un poeta recién casado.* Coincide la fecha también con algunas manifestaciones de las vanguardias.

Con éstas comenzaría una nueva fase, que se advierte no sólo en las publicaciones periódicas, sino en los jóvenes poetas (Domenchina, Moreno Villa, Larrea especialmente) que aportan nuevas concepciones de la lírica, incluyen temas originales y son capaces de ofrecer un lenguaje renovado. Todo ello vendría a configurarse de manera eminente en la llamada generación del 27, cuya vigencia, a través de hondos cambios, se mantendrá durante años después de la guerra civil, y cuyo último fruto, de temprana muerte, fue Miguel Hernández.

Ahora bien, la síntesis no puede olvidar la existencia de autores y obras que son, al menos aparentemente, discordantes. Dentro del primer periodo encontramos nombres, cuya importancia histórica no cabe soslayar, de tendencias claramente distintas al modernismo triunfante, incluso casticistas. Y si de algún modo se podría pensar en incluir a Unamuno, su figura es tan contradictoria y tan paradójica, también en este punto, que tal ubicación vendría a suponer, sin más, una injusticia. Pero ahí están, por una parte, los escritores regionalistas, estrictamente contemporáneos de los anteriores, y, por otra, los más jóvenes, como Pérez de Ayala y Juan Ramón, que pueden formar parte de otro apartado histórico y de otra generación literaria. En las páginas siguientes intentaremos resaltar los rasgos configuradores de estos momentos de la historia poética, describiendo sobre todo, sin entrar en polémicas o en aspectos dudosos.

II. LA ÉPOCA MODERNISTA

Realmente, en el panorama de la poesía española podemos hablar de época modernista cuando tratamos de la poesía de fin de siglo,[7] pues es el movimiento que traduce para la lírica el fenómeno de la crisis universal de valores. Movimiento (así lo define Juan Ramón, *un movimiento de entusiasmo general hacia la Belleza*) que se termina concretando como una escuela poética, especialmente dentro de la trayectoria marcada por Rubén Darío. La crítica reciente (de Ricardo Gullón a José-Carlos Mainer y Javier Blasco) ha devuelto al Modernismo español toda su compleja riqueza, su dimensión de protesta y rechazo, su exigencia como fenómeno artístico, su justificación como expresión de hondas inquietudes de carácter ideológico, metafísico y, en algunos casos, religioso, no exentas de dimensión social, aunque ésta sea mucho menos evidente y, a veces, aparezca como positivamente excluida.[8] Se ha planteado

---

[7] Y aún más, pero nos limitamos a este campo de referencia. Véase José-Carlos Mainer: "El afianzamiento del término *modernismo* como definición omnicomprensiva de la literatura finisecular ha sido, sin duda, el balance más claro de los últimos años de bibliografía sobre este periodo". *Historia y crítica de la literatura española*, 6/1. *Modernismo y 98*. Barcelona, Crítica, 1994, p. 61. Con todo, restringimos deliberadamente la exposición en el texto al aspecto lírico, sin pretender abarcar ese complejo de significación que tiene el término *modernismo*. Y aun dentro de esto, seleccionamos algunos rasgos que lo configuran como escuela poética. Es en este contexto sólo donde puede discutirse la situación de un autor tan de su momento como Unamuno.

[8] Giovanni Allegra, entre otros muchos, resume así: "la aventura simbolista, su correspondiente decadentista y la versión modernista son las expresiones de un estado espiritual artístico que rechaza ante todo la reducción de la vida humana y de los pueblos a un mero episodio de la economía y de la producción". Y antes también: "el alma del modernismo no está en la *bella extravagancia* de sus modos, sino en la sincera, «inactual» protesta contra una visión materialista del mundo, del que aquellos son un indicio". *El reino interior. Premisas y semblanzas del modernismo en España*. Madrid, Ediciones Encuentro, 1986, pp. 62 y 17. En general, para el planteamiento actual, F. Rico, HCLE, 6/1, *Modernismo y 98*, al cuidado de José-Carlos Mainer.

también con mayor interés la precedencia o independencia del modernismo español respecto de Rubén (Manuel Reina, Ricardo Gil, Salvador Rueda). Éste no es el momento de abordar tal cuestión. Más bien nos vamos a centrar en un aspecto particular pero esencial: la creación de una nueva tradición lírica, que afecta a la figura misma del poeta, a la temática y al lenguaje.

Lo primero que podemos constatar es que el Modernismo supone la creación de un lenguaje poético, cuya peculiaridad es fácilmente reconocible. Pero ese lenguaje va indisolublemente unido a unos temas que expresan anhelos o visiones del mundo (aristocratismo, esteticismo, pesimismo) nuevos en su momento y que requieren un adecuado órgano de expresión. Y ahí, como ha escrito Pere Gimferrer, "se halla el punto de partida de la lengua poética castellana del siglo XX".[9] El aspecto más evidente se encuentra en la tradición rubeniana, seguida por Villaespesa, Manuel Machado y el primer Juan Ramón. Tal hecho (además de sus estancias y ediciones en España), convierte la presencia de Rubén, en este panorama, en un derecho, como lo han reconocido ya otros muchos; así Gerardo Diego en su *Antología* de 1934, por no citar más.

Es un lenguaje poético que quiere mostrarse claramente diferenciado de otros registros, desde luego del cotidiano, conversacional; pero también del literario precedente. Es una ruptura. Es otro lenguaje, especial, autónomo, ennoblecido, culto, abundante y selecto. En el léxico se busca la rareza, el exotismo, el neologismo y, por contraste, el arcaísmo. Es un lenguaje muy elaborado en cuanto a los valores fónicos sugestivos, con densidad y variedad adjetival, sinestesias, reproducción y ruptura de los ritmos métricos castellanos (cambios acentuales, versos inusuales, encabalgamientos...).[10]

[9] Pere Gimferrer, *Antología de la poesía modernista.* Barcelona, Barral editores, 1969.
[10] Francisco J. Díez de Revenga, *Rubén Darío en la métrica española y otros ensayos.* Murcia, Universidad, 1985, pp.11-55.

Esto confiere al modernismo el carácter de poesía ornamental que rebosa en la riqueza de las rimas consonantes y que tan bien se aviene con los temas y evocaciones parnasianas clasicistas, mitológicas, dieciochescas.

Así es una poesía que acentúa su propia convención, pues repite modos, actitudes y recursos que se codifican. La capacidad de crear y reproducir ciertas imágenes icónicas, emblemáticas (el cisne), lleva aparejada la simbolización y transformación de su significado. Complementariamente, es una poesía que busca el matiz a partir de la correspondencia universal y del juego de efectos (Baudelaire, Mallarmé) y apela a lo desconocido y misterioso que le aporta la escuela simbolista. Si algo, en fin, se busca, es aquella armonía que procede del refinamiento técnico y musical para dar la sensación de belleza. La *sensación* era precisamente, para Valle Inclán, la clave del Modernismo.[11]

Otra cuestión es la temática y su vinculación expresiva a unas imágenes repetidas (jardines, fuentes, mármoles, ocasos, aves exóticas) o figuras, de las cuales *Prosas Profanas*, por ejemplo, ofrece buena copia. En esta poesía se instaura frecuentemente una visión de profanidad cultural, en la cual se usan los términos religiosos por su valor estético, evocador y de contraste (el ala "eucarística" y breve del cisne rubeniano), y el poeta se sitúa en una posición de amoralidad y relativismo, atento sólo a las consideraciones artísticas. Quizás más que una cosmovisión, el modernismo representa un conjunto de relaciones y herencias recibidas (del simbolismo, por ejemplo, y del decadentismo) que determinan una *actitud* y se manifiestan en algunos temas frecuentados. Aparece el sesgo femenino en figuras contrastadas (pureza virginal o mujer fatal), el erotismo y los

---

[11] "La condición característica de todo el arte moderno, y muy particularmente de la literatura, es una tendencia a refinar las sensaciones y acrecentarlas en el número y en la intensidad.""Modernismo" en Lily Litvak, ed. *El Modernismo*. Madrid, Taurus, 1975, p.18.

amores malditos junto al misticismo, el alcohol, el fatalismo, el indigenismo, el primitivismo (cierta Andalucía, el gusto por los escritores medievales, por la pintura prerrenacentista, los "prerrafaelistas"). ¿Cómo no recordar el comienzo de los "Cantares" de *Alma*, de Manuel Machado, y estos versos de "Adelfos"?

> Mi voluntad se ha muerto en una noche de luna
> en que era muy hermoso no pensar ni querer...
> Mi ideal es tenderme, sin ilusión ninguna...
> De cuando en cuando, un beso y un nombre de mujer.

Y es aquí donde aparece la tercera innovación, en la figura del poeta, verdadero héroe de esta literatura. El poeta modernista se segrega del vulgo urbano, del mal gusto general y de las relaciones impuestas por el mercantilismo burgués que se apropia del arte. Surge así esa actitud desdeñosa, escapista, a veces airada, que va de la "torre de marfil" hasta la imprecación violenta, de la bohemia heroica al "dandysmo" decadente o a la integración aristocratizante. La bohemia artística, efecto del romanticismo, caracteriza buena parte de la vida literaria.[12] Pero además tenemos que considerar la voz del poeta que habla desde su propia profundidad y automarginación, el "decadente" o maldito, cuya figura asume Manuel Machado en alguna de sus obras, o también la imagen del poeta-profeta, receptor de la divinidad, anunciador del futuro, según afirma Rubén en "*¡Torres de Dios! ¡Poetas!*" El modernista se identifica por su pertenencia a un grupo, con reuniones, publicaciones, ceremonias y celebraciones. La imagen impagable (y distorsionada) que fijó Valle Inclán en *Luces de Bohemia*, con figuras tomadas de la realidad madrileña, vale por muchas descripciones. El exotismo lujoso, el ornato sutil y plástico del lenguaje y la vida cotidiana miserable se unen así a veces en la

---

[12] Pedro M. Piñero y Rogelio Reyes, eds. *Bohemia y literatura. De Bécquer al Modernismo*. Sevilla, Universidad, 1993.

obra, que no siempre en la realidad, para conformar la total y definitiva imagen literaria que el modernismo creó de sí mismo.

Sin embargo, no conviene olvidar ciertas variaciones que dan al Modernismo una complejidad interior, por la contradicciones que señalaba Onís, por las tendencias parnasianas, simbolistas y decadentes, por su evidente evolución y cambio. Está también ya apuntada la distinción entre un modernismo como el descrito hasta ahora y otro más íntimo, próximo y familiar, un modernismo "no-exotista", como ha querido mostrar Martínez Cachero.[13]

* * *

Y aquí aparece también la contradictoria variedad de la época, con un tipo de poesía que solemos llamar regionalista, a veces dialectal, antítesis del modernismo, con temas de carácter rural, cotidiano, lleno de sentimiento y aun sentimentalismo, apegado a un lenguaje realista y con fuertes tendencias ideológicas (reformistas, católicas, a veces regeneracionistas). Se inscribe también en el fenómeno social e ideológico del auge de las regiones que se desarrolla en el comienzo del siglo y que llevará al decisivo enriquecimiento de otras literaturas peninsulares.[14] Por lo que se refiere a la poesía escrita en castellano, se suele distinguir a Gabriel y Galán (salmantino, con residencia en Extremadura) y a Vicente Medina (murciano, emigrante luego en Argentina) entre otros como García Oliveros (Asturias), Chamizo (Extremadura), Luis

---

[13] José M.ª Martínez Cachero, "Modernismo no-*exotista*. ¿Cotidianismo, familiarismo, humildismo?" en *Renovación de los lenguajes poéticos. El Modernismo*. Valladolid, Universidad, 1990, pp. 93-104.

[14] Trata el tema José-Carlos Mainer. Por ejemplo, cap. III, "La expresión de las regiones" en *La edad de plata. (1902-1939)*. Madrid, Cátedra, 1984 (4.ª).

Maldonado (Salamanca) o González del Castillo (Andalucía). Su valor está en el intento de escribir seriamente en un tipo de lenguaje que se consideraba característico sólo de piezas cómicas y burlescas, inferior e incapaz de soportar valor literario alguno. Su problema, desde el punto de vista lingüístico, es la falta de autenticidad; se trata de un castellano vulgar con incrustaciones de léxico regional y con ruralismos poco determinados. Ése es el punto de partida: el castellano común en su manifestación coloquial, como ha estudiado M. Alvar.[15] (Véase, por ejemplo, cómo el poeta cede a veces la palabra a un personaje.)

Literariamente es una poesía retardataria, pero de notable acogida popular y aun de aprecio por parte de otros escritores contemporáneos (así hay que destacar los elogios a V. Medina por parte de Díez-Canedo y la atención de Unamuno —tan buscador de voces regionales con fuerte expresividad— hacia Gabriel y Galán). Maragall, por ejemplo, considera esta poesía como expresión genuina del "alma" de una región (dentro de una línea de ascendencia romántica, por tanto.) Y su influencia llegará hasta el joven Miguel Hernández, en sus primeros años oriolanos.

III. LA POESÍA EN SU UNIVERSALIDAD CONCRETA

El modernismo depura su lenguaje, como se puede advertir en los poetas de la segunda década y en los mencionados por Martínez Cachero. Pero, de forma paralela, la poesía más definitiva y de más absoluto valor se separaría en busca de una *esencialidad* que no renuncia a la riqueza de los hallazgos anteriores, pero

---

[15] Manuel Alvar, "Los dialectalismos en la poesía española del siglo XX". *Estudios y ensayos de literatura contemporánea.* Madrid, Gredos, 1971. *Poesía española dialectal.* Madrid, Alcalá, 1965.

que interioriza la belleza, atenúa la musicalidad y trasciende el sentido plástico con el sentimiento y la pretensión de una verdad esencial. Y ésta puede ser también, de alguna forma, la proyección temporal de Rubén, si aceptamos leer desde tal perspectiva el famoso poema de *Cantos de vida y esperanza* (1905) que comienza: "Yo soy aquel que ayer no más decía/ el verso azul y la canción profana". O de modo más escueto, en el menos repetido "De Otoño", del mismo libro:

> Yo sé que hay quienes dicen: ¿Por qué no canta ahora
> con aquella locura armoniosa de antaño?
> Ésos no ven la obra profunda de la hora,
> la labor del minuto y el prodigio del año.
>
> Yo, pobre árbol, produje, al amor de la brisa,
> cuando empecé a crecer, un vago y dulce són.
> Pasó ya el tiempo de la juvenil sonrisa:
> ¡Dejad al huracán mover mi corazón!

("Otros poemas", XXVIII)

Éste es el carácter que conviene a los tres grandes líricos del momento, las voces esenciales de Miguel de Unamuno, Antonio Machado y Juan Ramón Jiménez.

Unamuno (1864-1936), apresado por los problemas filosóficos y estéticos de su momento, portavoz eminente de la crisis del pensamiento, busca en la poesía una solución distinta a la del modernismo, aunque aprovechando algunos hallazgos métricos y dentro del ambiente común de experiencias y relaciones. El adensamiento sería su fórmula, como interpenetración de sentimiento y pensamiento (emoción y concepto) que busca una construcción plena de vigor, con frecuencia libre, aunque también con frecuencia desbordada, cuando no se ciñe a estrofa cerrada. En la defensa de su fórmula poética, Unanumo mostraba una mueca antimodernista, acusándolo de falta de apasionamiento y de

poco convincente (es decir, falso) en su tristeza, escepti-
cismo e, incluso, sensualidad.[16]

El primer libro, con el título *Poesía*, aparece tardía-
mente, impreso en 1907, aunque los poemas son, a
veces, muy anteriores. Éste y los demás, escritos (aun-
que no publicados) en estos años, *Rosario de sonetos
líricos*, *Andanzas y visiones españolas*, *Rimas de dentro*,
nos ofrecen una poesía decantada de la cotidianidad
humana, vital y espiritual, y de las preocupaciones últi-
mas, especie de diario en que las anécdotas (viajes, visi-
tas, monumentos y paisajes, incidentes domésticos)
adquieren una profunda relevancia de sentido en la
lucha del hombre interior. En 1920 publica su magna
obra *El Cristo de Velázquez*, impresionante poema
lírico y religioso con que quiere despertar a Dios en
las conciencias, a través del símbolo universal humano
de Cristo, que muere para darnos vida; y llega, a partir de
1923, a un momento en que la poesía —además de su
dimensión lírica, metafísica y religiosa— se carga de
polémica política, se hace inmediatamente "histórica"
en los libros *De Fuerteventura a París* y *Romancero del
destierro*, en que sigue aún el carácter abierto de diario.
(Así, llama al primero "Diario íntimo de confinamiento
y destierro".) Esta idea del diario, que es eternización
poética del instante al sacar a luz la trascendencia (per-
sonal) de lo acontecido, acompaña, pues, la creación

---

[16] Si atendiéramos al juicio de Juan Ramón, las dos más defi-
nidas y vigorosas personalidades poéticas del comienzo de
siglo serían Rubén Darío y Miguel de Unamuno. "Los temas,
los metros, el ambiente compuesto que Unamuno y Darío tra-
jeron de un lado y otro, nuevos y antiguos, van a dar norma a
esta primera poesía siguiente." Antonio Machado tendrá
honda relación con ambos, mientras el propio Juan Ramón,
admirando a Unamuno como el "mayor poeta español desde
su principio", se siente sólo influido por Rubén. Véase "Crisis
del espíritu en la poesía española contemporánea. (1899-
1936)" y "Lado de Miguel de Unamuno" en *Prosas críticas*
(Ed. del Centenario). Madrid, Taurus, 1981, pp. 211-216 y 114-
118 respectivamente.

unamuniana hasta el final, pues este mismo propósito, y aún más acentuado, tiene el *Cancionero* (de póstuma publicación), escrito a partir de 1928 y fechado en cada poema.

Antonio Machado (1875-1939) ha sido considerado, de manera continua, voz poética esencial del siglo, tanto por su significación, importancia y valor de referencia hacia el futuro, como por la interiorización simbolista del modernismo, al que dota de personal autenticidad, y la progresiva universalización en los temas, incluida su devoción castellana, junto con la decantación del lenguaje y el despojamiento de cierta sonoridad rubeniana, hasta llegar a la poesía metafísica del "Cancionero Apócrifo" y a la concisión aforística —de raigambre también folklórica— y conceptual de los "Proverbios y Cantares". Aunque sea imposible, en este caso, separar lo que deja el poeta en su poesía de lo que significó su personal "ejemplo y lección" (en palabras de Leopoldo de Luis e implícitamente de Dámaso Alonso). Bien cierto es que la evolución de la poesía española ha sufrido, con respecto a Machado, diversas fases de proximidad y alejamiento, ya en vida del poeta (generación del 27), ya en los años cincuenta o setenta.

De su actitud pueden ser adecuado reflejo dos textos que, no por conocidos y citados, dejan de ser plenamente oportunos. Cuando, a partir de 1907, Antonio Machado acude a Soria, encuentra una realidad geográfica y humana, cuyo efecto sobre él describe así: "Cinco años en la tierra de Soria, hoy para mí sagrada [...], orientaron mis ojos y mi corazón hacia lo esencial castellano".[17] No hará falta insistir en ese *esencial* que marca su objeto poético y que volverá a aplicar a la palabra, ya que, según definición tan conocida como parcialmente

---

[17] Véase "Prólogo" a *Campos de Castilla* (1917) en *Obra Completa*, ed. de O. Macrí con G. Chiappini, vol. II. Madrid, Espasa-Calpe, 1988, p. 1593.

citada, "la poesía es la palabra esencial en el tiempo", lo que el propio Machado comenta como "el gran problema que al poeta plantean estos dos imperativos, en cierto modo contradictorios: esencialidad y temporalidad".[18] Esencialidad en lo concreto humano y en el lenguaje, como insinuaba en su "retrato", al distinguir las voces de los ecos.

Esto al margen de que en un poeta de pocos libros (ampliados en las sucesivas ediciones de *Poesías Completas*), cada uno de ellos representa una etapa, una diferente realización, de donde se puede preferir uno u otro, como ha venido ocurriendo. Ya Juan Ramón Jiménez, hablando de *Campos de Castilla*, mencionaba lo "retórico castellano" y hacía de Machado "el verdadero poeta nacional, espíritu nacional denso y hondo", al que, desde luego, él anteponía el de "su iniciación lírica misteriosamente encantadora (lo más bello para mí de su obra poética)".[19]

No merece la pena repetir, de tan conocida, la evolución de Machado desde *Soledades* (1903) y *Soledades. Galerías. Otros poemas* (1907) a *Campos de Castilla* (1912 y 1917) y a *Nuevas Canciones* (1924), que continúa con los poemas del "Cancionero apócrifo", "Canciones a Guiomar" y "Poesías de la guerra". Pero, ¿seguirá siendo lícito separar la labor estrictamente poética de la obra en prosa? Un solo impulso y pensamiento va constituyendo a ambos, cuya fecundidad parece inagotable, como brotada de esa "honda palpitación del espíritu". Bernard Sesé afirma el valor supremo de Antonio Machado, radicándolo en "la comunión íntima entre lo individual y lo colectivo, entre lo singular y lo universal". Porque en su obra "densa e intensa", canta "el alma individual y el alma

---

[18] Es parte de la poética para la *Antología* de Gerardo Diego, fechada en 1931. En *Obra Completa*, ed. cit. vol. II, p. 1802.
[19] "Crisis del espíritu en la poesía española contemporánea..." en *Prosas críticas*. Madrid, Taurus, 1981 (Ed. del Centenario, 20).

del pueblo español".[20] La esencialidad se torna así universalidad.

Juan Ramón Jiménez (1881-1958) aparece en el ámbito del modernismo por una temprana amistad con Francisco Villaespesa y relación con Rubén Darío, quienes serán los introductores de sus dos libros de 1900, *Ninfeas* y *Almas de violeta*, que luego repudiaría el poeta. Pero la influencia sigue, atenuada por la vuelta a Bécquer y la lectura de los simbolistas franceses con motivo de los internamientos en el sanatorio francés de Castel d'Andorte y en el madrileño del Rosario (entre 1901 y 1903) y en la casa del Dr. Simarro.[21] Es la etapa de la revista literaria *Helios*, la primera decisiva de la poesía juanramoniana, con *Rimas, Arias tristes, Jardines lejanos, Elejías, Baladas de primavera, La soledad sonora...*

Con la experiencia del viaje marítimo a Nueva York, para reunirse con su esposa Zenobia, el libro que recoge las impresiones, *Diario de un poeta recién casado* (1916), abre una nueva época, la llamada de la poesía "pura" o desnuda, que ocupa todos esos años siguientes, en que Juan Ramón vive en Madrid, aparece vinculado al grupo de Ortega y a la generación de 1914 y proyecta su

[20] Bernard Sesé, *Antonio Machado. (1875-1939)*. Madrid, Gredos, 1980, p. 876. Y en *Claves de Antonio Machado*. Madrid, Espasa-Calpe, 1990, p. 373, lo ratifica y completa de este modo: "A mi parecer, el valor supremo de Antonio Machado, que le otorga esta universalidad, procede de la unión íntima y continua de los principios fundamentales que orientan su vida, su poética, su pensamiento, su compromiso en la historia... una pasión constante por la verdad... una expresión siempre justa y sincera...", etc.

[21] Así lo recuerda el poeta: "Viaje y Francia me hicieron reaccionar contra el modernismo, digo, contra mi modernismo, porque yo estaba comprendiendo ya que aquel no era mi camino. Y volví por el de Bécquer, mis rejionales y mis estranjeros de antes, a mi primer estilo, con la seguridad instintiva de llegar algún día a mí mismo y a lo nuevo que yo entreveía y necesitaba, por mi propio ser interior". "El Modermismo poético en España y en Hispanoamérica", en *Prosas Críticas* (Ed. del Centenario). Madrid, Taurus, 1981, p. 171.

magisterio, influencia (y a veces enemistad) sobre los poetas más jóvenes. Es el momento de "Obra en marcha", en que selecciona, ordena, depura lo anterior, en un proceso continuo de despojamiento y esencialización de su lenguaje, buscando la máxima interiorización. Otros libros son *Eternidades, Piedra y cielo*. El resumen de esa labor es la propia *Segunda antolojía poética. (1898-1918)*, publicada en 1922. Por la misma época, en *Platero y yo* evoca el mundo infantil de Moguer y enlaza la influencia popular con la selección culta.

Después de la guerra civil, el tiempo del exilio parece abrir un nuevo ciclo poético, con la divinización final del éxtasis y de la conciencia de la belleza. La poesía, en su sentido más alto, metafísico, como pasión de la vida de Juan Ramón, aparece en su plenitud y trascendencia de "religión íntima" en "El nombre conseguido de los nombres" y los demás poemas de *Animal de fondo*. Es precisamente en "Notas", comentario en prosa de este mismo libro, donde el poeta establece una sucesión (mejor que división) de tres momentos.[22]

Se produce así, en Juan Ramón, una evolución continua, consciente, que va de la ornamentación inicial, con predominio sentimental de la música, color y escenografía, a la expresión simbolista de los estados de ánimo, para pasar a la definición de los estados de conciencia, en que, con perspectiva más intelectual, busca el nombre exacto de las cosas para eternizarse en esa conciencia de plenitud, reconocimiento y fusión.[23] Es así la poesía

---

[22] "Si en la primera época fue éstasis de amor, y en la segunda avidez de eternidad, en esta tercera es necesidad de conciencia interior y ambiente en lo limitado de nuestro moderado nombre." *Animal de fondo* (Ed. del Centenario). Madrid, Taurus, 1981, p. 172. Es también usual la división en dos etapas, la de influencia modernista y simbolista (hasta 1916) y la de la poesía pura, a partir de ese momento. En la respuesta para la *Antología* de Gerardo Diego, marca también una evolución más detallada, en una "síntesis ideal" que termina: "Y siempre. Angustia dominadora de eternidad. Soledad".

[23] F. J. Blasco Pascual, *Poética de Juan Ramón*. Salamanca, Universidad, 1981, pp. 234-243.

para Juan Ramón actividad espiritual, forma de conocimiento y de autorrealización, centrada en lo eterno.

IV. LA URGENCIA DE UNA RENOVACIÓN

A partir de 1918, en el ambiente producido por el final de la I Guerra Mundial, es el momento de las *vanguardias*, que también en España se desarrollan con entusiasmo, al menos en esos años iniciales, hasta 1923.[24] Las vanguardias o los "ismos" aparecen históricamente vinculados a escritores modernistas, y surgen de la descomposición del movimiento. Les caracteriza la necesidad, sentida como urgencia, de hallar caminos nuevos para el arte y un impulso que les hace proclamar un comienzo absoluto, negando todo lo anterior. A la vez, algunos otros autores, sintiendo la misma necesidad de renovarse desde los comunes orígenes modernistas, buscarán su propio camino de forma continua y evolutiva, acercándose quizás, en momentos, a la vanguardia pero manteniendo una coherencia artística personal ajena a grupos.

En esos mismos años la relación con la literatura europea es intensa y permanente y así se establece la estricta contemporaneidad de la poesía española en relación con la que se escribe fuera, lo que será el suelo para la adaptación de la lírica de la generación del 27. Algún poeta incluso se instalará en París y adoptará el francés como lengua poética. Además la unidad literaria hispánica que se forjó en el modernismo vuelve ahora a realizarse de alguna manera. Algunos poetas americanos (Huidobro y Vallejo) acuden a París y desde ahí son conocidos y recibidos en la literatura española peninsular, influyendo en Larrea o Gerardo Diego. Y Jorge L. Borges llevará el "ultraísmo" a Argentina, donde arraiga.

[24] R. Buckley y J. Crispin, *Los vanguardistas españoles. (1925-1935)*. Madrid, Alianza Editorial, 1973.

Pero si el modernismo, en su visión artística del mundo, se alejaba de los avances técnicos y sociales, identificados con la modernidad, hasta resultar su negación, la vanguardia aporta la integración recíproca de arte y técnica, aceptando sus temas (maquinismo, dinamismo, cinematógrafo, cosmópolis, automóvil...), sus comportamientos (*Sport*, viajes, juego, juventud...) y todavía más, asimilando las crisis que ese modo de vida comporta, en especial la crisis político social de entreguerras, la del sujeto y la del lenguaje (ruptura con la realidad, autonomía de la función verbal, etc.)

En la literatura española hemos de constatar la existencia de signos vanguardistas hacia 1910, si bien hasta 1918 no podemos hablar sino de brotes aislados, chispazos como la difusión del "Manifiesto futurista" de Marinetti en *Prometeo* (1910) de Gómez de la Serna, así como del "Manifiesto futurista para españoles" o "El concepto de nueva literatura", expuesto por el mismo Gómez de la Serna. Pero es precisamente este escritor el que, con sus múltiples aventuras literarias y sus innovaciones, representa la nueva literatura de esos años, encarna ante muchos el prototipo del escritor de vanguardia y crea, a partir de 1912, esa síntesis de imagen y humor —sorprendente, aislada y destellante— que es la *greguería*, cuya estela se sigue en los poetas del 27.

La vanguardia tiene un modo peculiar de expresión en los manifiestos, bien en forma doctrinal, como el del Futurismo o el Ultra, bien en forma de poema, como los de Vicente Huidobro. Y para ello utilizan las revistas, más ágiles y penetrantes, comenzando ya por ese precedente casi unipersonal de Gómez de la Serna, *Prometeo*, para seguir por *Grecia*, *Cervantes*, *Cosmópolis* y *Ultra*. Esta unión de teoría, a veces poco elaborada, pero programática, y de creación determina un rasgo del movimiento (que podemos seguir hasta la *Antología* de Gerardo Diego, con sus "poéticas" precediendo a la selección de poemas). Tiene además la vanguardia española su propio historiador y partícipe en Guillermo de Torre.[25]

En la literatura hispánica dos son los movimientos contemporáneos. El "Ultraísmo", que surge desde el impulso inicial del modernista Cansinos Assens, autor de su manifiesto; y el "Creacionismo", traído por el chileno Vicente Huidobro como su hallazgo en París,[26] y que integró desde el comienzo a Gerardo Diego y a Juan Larrea, quien finalmente acudirá también a la capital francesa y fundará, con Huidobro y otros grandes nombres de la literatura y el arte, una efímera revista: *Favorables París Poema*. La relación de Huidobro con el cubismo habla no sólo de la coincidencia temporal y del signo del tiempo, sino de la interrelación o convergencia de las artes en la vanguardia y de la similitud de intenciones.

A pesar de su brevedad, la importancia de las vanguardias es manifiesta por la renovación del lenguaje y la liquidación de algunas convenciones, es decir, por el impulso de libertad, a partir del cual se podrá crear otra poesía que, aprovechando la herencia juanramoniana, sea a la vez libre e integre la tradición española y europea. Por eso, para concluir, podemos enumerar características propias de la vanguardia —sin excesivas distinciones— en su impulso renovador de la poesía.

[25] Especialmente con *Literaturas europeas de vanguardia*, del año 1925, que sirvió de base para el extenso estudio posterior (1965) en tres volúmenes: *Historia de las literaturas de vanguardia*.

[26] Las relaciones entre ambos movimientos fueron bastante polémicas y cruzadas de personalismos exacerbados. Pero la discusión crítica acerca de sus respectivas influencias y coincidencias parece aún abierta, según los artículos respectivos de Juan M. Díaz de Guereñu y José M.ª Barrera en *Gerardo Diego y la vanguardia hispánica*. Cáceres, Universidad de Extremadura, 1993. (Actas del Congreso Internacional celebrado en Cáceres, mayo 1992, al cuidado de José Luis Bernal.) Véase también *Juan Larrea: la invención del más allá*. Ínsula, 586, 1995.

Corta la vinculación del lenguaje como representación o reproducción de la realidad y suprime lo que la obra poética tenga de anecdótico, descriptivo, etc. Cultiva preferentemente la imagen, incluso aislada, como integración de metáforas que han perdido su referencia reconocible. Acepta la visión fragmentaria, inconexa incluso, de la realidad que comporta la vida moderna, así como el léxico e importancia de la técnica y de la vida urbana. Le importa trasladar al poema el dinamismo vital, para producir su mismo efecto y busca la integración de la expresión plástica y literaria con las técnicas de disposición tipográfica. Finalmente, "ismo" interior y permanente de estas corrientes, la visión humorística[27] llegará hasta el famoso libro de Ortega *La deshumanización del arte*, como una de sus notas definitorias (con las polémicas de la intrascendencia del arte y el juego).

Ahora bien, además de estos movimientos, que tendían a mostrarse como acción de grupo, tenemos que advertir los procesos de cambio de la poesía española entre 1914 y 1925 en la obra particular de algunos poetas: León Felipe (n. 1884), José Moreno Villa (n. 1887), Juan Larrea (n. 1895) y Juan J. Domenchina (n. 1898).[28] De todos ellos se advierten orígenes en el modernismo y su evolución personal se traza en un proceso de despojamiento lírico que camina hacia la precisión, subjetividad o intimismo, sobriedad del lenguaje y reforzamiento de la imagen sintética (al menos antes de 1936). Como señala Moreno Villa acerca de su obra *Colección* (1924): "He intentado decir lo más posible y del modo más directo y más sencillo". Rompe, por tanto, los ritmos del

[27] R. Gómez de la Serna, *Ismos* (1931). Reed. Madrid, Guadarrama, 1975.

[28] Aunque hemos mencionado a Larrea dentro del "Creacionismo" e inmerso en la vanguardia, el carácter autónomo, incluso extraterritorial de su poesía y sus peculiaridades aconsejan colocarlo en este momento, como después habrá que situar a su amigo Gerardo Diego en la generación del 27.

modernismo, su sonoridad, hacia un versolibrismo de base más o menos tradicional, pero desarticulado o fragmentario. La misma disposición tipográfica (luego corregida) en algunos poemas de *Versos y oraciones de caminante* (1920), primer libro de León Felipe, y el más próximo a ese modernismo final, manifiesta ejemplarmente esa tendencia.

Moreno Villa y Domenchina están presentes en el medio intelectual y literario madrileño, mientras León Felipe y Larrea, impulsados por sus inquietudes vitales, se muestran como *outsiders*. Por ello los primeros parecen más directamente vinculados a las dos grandes personalidades de Ortega y Gasset y Juan Ramón Jiménez. Todos terminan excluidos del fenómeno generacional estricto que agrupa a los del 27, pero su poesía enlaza naturalmente con ellos, aunque con grados. Menos y sólo en algún momento la de León Felipe, mucho la de Moreno Villa y especialmente la de Juan Larrea, por lo que ambos están incluidos en la *Antología* (1932) de Gerardo Diego. Padecen la experiencia de la guerra civil, se comprometen en ella intelectualmente y terminan siendo voces eminentes del exilio de 1939.

Tomamos como ejemplo a Larrea, por ser quizás el poeta menos atendido y, a la vez, el más radical en su planteamiento y evolución. Precisamente Luis Cernuda reclamaba atención para "la importancia poética e histórica de su trabajo". Y añadía: "¿Me equivoco al atribuirle esa importancia? [...] Al menos no creo equivocarme al pensar que a él debieron Lorca y Alberti (y hasta Aleixandre) no sólo la noticia de una técnica literaria nueva para ellos, sino también un rumbo poético que sin la lectura de Larrea dudo que hubieran hallado".[29]

Puesto que su obra poética no aparece reunida en forma de libro hasta 1969 y 1970 (ediciones italiana y

[29] Luis Cernuda, *Estudios sobre poesía española contemporánea*. Madrid, Guadarrama, 1975 (2.ª), p. 155.

española de *Versión celeste*), su origen modernista hay que rastrearlo en papeles inéditos y copias de poemas en su correspondencia.[30] Tienen ya un carácter distinto las composiciones tituladas "Tarde de lluvia", "Tango color tango" y "Autorretrato". Bajo la primera influencia del ultra y pronto en la esfera de Huidobro, escribe "Evasión" y comienza la aventura vanguardista que alcanza un fruto maduro con "Cosmopolitano". La poesía de Larrea es a la vez una creación literaria nueva y una busca de autenticidad personal y emocional que termina en el silencio (poético) desde 1932. Pero ya en noviembre de 1919 encontramos una importante reflexión teórica, que puede completar nuestra percepción del cambio, en carta a Gerardo Diego. Presenta Larrea la posibilidad de tres tipos de poemas vanguardistas: en el nivel inferior, el poema "descriptivo", que es el ultraísta, el de la experiencia, melódico, sin polifonías ni complicaciones; en un plano segundo, el poema "cúbico", "hijo más de la visión, descoyuntado, anguloso, sorprendente"; finalmente y más elevado, el poema "puro", perfectamente creado, imagen múltiple... asociación de imágenes activas, delirio cordial. "Es este el poema a que hoy aspiro y del que he recibido mensajes anunciándome su llegada."

Como se aprecia, este texto recibe la herencia del concepto creacionista y señala la conciencia y voluntad de Larrea en su rápido transitar (casi saltar) de ese modernismo residual de dos años antes hacia una poesía carente de anécdota y de nexos lógicos, sin aparente enlace con el mundo inmediato: hermética, absoluta, creada.[31]

---

[30] La edición de las *Cartas a Gerardo Diego (1916-1980)*, fielmente conservadas por éste y editadas por Cordero de Ciria y Díaz de Guereñu (San Sebastián, Mundaiz-Universidad de Deusto, 1986) aporta ejemplos suficientes de este aspecto.

[31] Díaz de Guereñu resume así ese periodo vanguardista (y único) de la creación larreana: "...es una lírica extremadamente despojada, *ascética* la llama Gerardo Diego [...] la irregularidad métrica, la casi general carencia de rima y de ritmo regulares, el uso escaso de paralelismos en la construcción y el rechazo incluso de las novedades tipográficas del *ultraísmo* la

Los demás poetas también han comenzado a ser estudiados y mejor comprendidos, recuperando la atención que en esos años ya merecieron. Recordemos sólo cómo Ortega redacta en 1914 un importante prólogo para *El pasajero* de Moreno Villa, quien, a partir de sus obras *Colección* (1924) y *Jacinta la pelirroja* (1929) hasta *Salón sin muros* (1936) introduce la experimentación, el distanciamiento, la ironía y el prosaísmo. Escribe sobre *Colección* Antonio Machado y sitúa al autor dentro de una tendencia "a la ponderación y al equilibrio", con el rechazo de los excesos románticos y simbolistas, pero alejado de las vanguardias e inclinado más "a reforzar el esquema lógico que la corriente emotiva..."[32]

León Felipe, aunque de mayor edad, comenzó mucho más tarde a publicar en libro: *Versos y oraciones de caminante* (1920). Insiste en la independencia de su posición (ya no modernista, pero diferenciada de la vanguardia) y procura una desarticulación y empobrecimiento del lenguaje poético. Pretende una poesía directa, íntima, universal. Desde 1929, con *Versos y oraciones de caminante* II y especialmente con *Drop a Star* (1933-1935), escribe con un lenguaje, versificación e imagen mucho más acorde con la novedad y la experimentación de ese tiempo.

Juan José Domenchina, muy precoz, por el contrario, (comienza su etapa juvenil en 1917 con *Del poema eterno*, seguido de *Las interrogaciones del silencio*) aporta una dimensión intelectual a la poesía, con su preferencia por el lenguaje conceptual, la composición fragmentaria, el posterior ahondamiento en aspectos

---

reducen a una serie de imágenes enlazadas mediante el recurso regular de la sintaxis, también rota en alguno de los periodos..." *La poesía de Juan Larrea: creación y sentido*. San Sebastián, Mundaiz-Universidad de Deusto, 1988, p. 364.

[32] Antonio Machado, "Reflexiones sobre la lírica" [1925]. *Prosas completas*. Madrid, Espasa-Calpe, 1988, p. 1653.

freudianos, temática sexual y liberación del verso, que
han llevado a considerarle dentro del surrealismo, sobre
todo con *Dédalo* (1932). De este modo se completa la
perspectiva de contemporaneidad y de coincidencia
estricta con el 27, aunque por sus características y evo-
lución permanezca ajeno al grupo.[33]

Podemos emplear el título "poesía de transición"
para resumir estos procesos de cambio y quizás con-
venga precisar el motivo. Hablamos de poesía más que
de poetas. Pues, como dice Luis Izquierdo al referirse
del mismo modo a Moreno Villa, no es que sean poetas
sin sitio; más bien que en ellos se percibe, de manera
evidente, por la eminencia de la obra individual, el
cambio mismo de la lírica española y el curso domi-
nante (que incluye la ruptura vanguardista, pero la pre-
cede y la prosigue). A la vez sucede que, en su estricta
contemporaneidad, cada uno arraiga y se afianza de
modo distinto en esa historia (incluso en el orden cro-
nológico) con una personalidad bien definida. No
podemos decir, por continuar con el ejemplo, que la
obra de Larrea sea de transición porque no sepamos
definirla, sino que llega a ella con rapidez, alcanzando
un modo poético propio en su época que, sin embargo,
quedará marginado como su autor (precisamente
cuando se hagan sonar más intensamente los acordes
generacionales).

Tratamos, pues, de una semejanza en el proceso de
cambio y de diferencias personales que llevan de una
poesía exterior, descriptiva y brillante (ya en decaden-
cia) a una lírica depurada, con carácter a veces intelec-
tual e innovador, como superación de un estado poético
que era ya imposible continuar hacia 1916.

---

[33] Hubiera sido posible y quizás legítimo haber incluido a
Moreno Villa y Larrea, e incluso a Domenchina, dentro del 27,
ampliando la nómina cerrada y tradicional. Ello hubiera exi-
gido un desarrollo de matices que en la brevedad de estas pági-
nas no se podía introducir y desdibujaría más la personalidad
y autonomía de estas voces.

V. GENERACIÓN DEL 27: LA POESÍA COMO FERVOR
DE GRUPO

La evidencia con que el grupo de poetas designado
como *generación del 27* obliga a una consideración de
conjunto, deriva, en buena parte, de la propia labor de sus
miembros como antólogos, prologuistas y definidores.[34]
A la vez disponen los fundamentos de una tradición crí-
tica y trazan unos perfiles difícilmente discutibles, a
causa de la inmediatez de su percepción.[35] En cualquier
caso, éste será el proceso que aquí interesa describir
(ante la imposible tarea de una presentación individual
suficiente): el constituirse del *modelo generacional* y sus
características por la labor crítica —paralela a la poé-
tica— de los miembros del grupo.

Pero antes pasemos por unas cuestiones obligadas,
como son la denominación y la nómina. Hablamos de
generación del 27 porque no parece haber otro nombre
que identifique mejor a estos poetas, entre el abarcador
"Una generación poética (1920-1936)" de Dámaso
Alonso (retomado por C. B. Morris) o los parciales
"generación Guillén-Lorca", "generación de la Dicta-
dura" o "de la República". En el caso de buscar una
fecha para unir al rótulo "generación", la de 1927
resulta representativa (y mejor que otras como 1925)

[34] Así, G. Siebenmann, al mencionar "la cohesión, el sincro-
nismo, la intensidad y la fuerza de esta segunda fase de la lírica
española de nuestro siglo", concluye que "se impone con tal
evidencia la necesidad de reconocerla y describirla como fenó-
meno unitario, que ningún crítico pudo evitarlo". *Los estilos
poéticos en España desde 1900*. Madrid, Gredos, 1973, p. 185.

[35] Juan M. Rozas considera que esta imagen "es, a veces, idea-
lizadora, justificativa y un tanto propagandística" (*El grupo
poético de 1927*. Vol. I. Madrid, Cincel, 1983). Sin duda, pero
quizás también ahí resida parte de su fuerza, sin olvidar las ten-
siones, reservas y malentendidos que acompañaron las relacio-
nes de algunos de sus miembros, sobre todo en épocas poste-
riores a la que aquí describimos.

por el centenario de Góngora, las publicaciones de grupo (revistas), la convergencia de líneas en la evolución de los autores.[36] Otra cuestión (que vendrá a discutirse incluso por los criterios de esta antología) es la de los nombres que se reconocen en la generación, ya que cabe aplicar un criterio más restrictivo (limitado a unos ocho) o bien más generoso, incluso hasta llegar a situar, junto a la generación "canónica", *otra* formada por los prosistas, críticos, narradores, músicos o poetas coetáneos no incluidos en el elenco tradicional.[37]

Entre las innovaciones que la generación aporta a la tradición de la poesía española quizás tengamos que incluir esa de la autodefinición, con rasgos semejantes, en distintos autores. Un primer momento se da con la fijación del *corpus* de Gerardo Diego en la *Antología* ya comentada de 1932. Podemos confirmar su intención de nuevo con las palabras de Pedro Salinas, quien, describiendo la edición de 1934, establece el punto clave de referencia de la anterior: "Lo sucedido, en realidad, es que la antología de Gerardo Diego *ha dejado de ser una antología de grupo*, de estilo... con la aspiración de convertirse en una antología histórica... En este tránsito hay

---

[36] La crítica reciente recoge esta denominación, desde los títulos mismos, como el *Panorama crítico de la generación del 27*, de F. J. Díez de Revenga. Madrid, Castalia, 1987. Cabe recordar, entre datos anecdóticos, que en esa fecha de 1927 Ricardo Baeza firma un artículo en el diario *El Sol*, de Madrid, con el título "De una generación y su poeta".

[37] Véase, por ejemplo, *Ínsula*, 529, 1991. El mencionado *Panorama* de Díez de Revenga estudia, como poetas principales, a Salinas, Guillén, G. Diego, Aleixandre, Lorca, D. Alonso, Cernuda y Alberti, añadiendo en otro capítulo a Prados y Altolaguirre, seguidos por Villalón, Laffón, Larrea, Hinojosa, Domenchina, con Oliver, Valdivieso y Bergamín ya en último término. Para otras cuestiones de este aspecto, véanse las antologías de V. Gaos (Cátedra), González Muela y Rozas (Alcalá), A. González (Taurus), J. L. Cano (Espasa-Calpe). Un recuerdo final merece el artículo-prólogo de P. Salinas "Nueve o diez poetas" (ahora en *Ensayos Completos*, tomo III. Madrid, Taurus, 1983).

muchas posibilidades de ganancia y pérdida".[38] Queda
con ello afirmado el carácter restringido de la obra y la
fijación de un primer modelo del "estilo" de la que
Salinas mismo llamó "segunda fase de las letras españo-
las del siglo XX", cuando estaba en pleno proceso de
convivencia y trabajo conjunto: "Nuestra generación
trabajó como grupo entre 1920 y 1936".[39]

Dispersa ya por la guerra y por la muerte, Dámaso
Alonso, Cernuda, Guillén, entre los principales, trazan
retratos de grupo, fijan características, reafirman su
valor ejemplar, resaltan la amistad y rebaten las nocio-
nes insuficientes que se les aplican, en ensayos que
escriben hasta 1958. Será los que tengamos en cuenta,
ante la imposibilidad de "resumir toda la labor, ante-
rior y posterior a la guerra, del grupo y de cada uno de
los poetas".[40]

---

[38] P. Salinas, "Una antología de la poesía española contem-
poránea", *Ensayos Completos*, tomo I. Madrid, Taurus, 1983,
pp. 125-130. (La cursiva es mía.) Y dentro de la constitución
coetánea de la imagen del grupo, conviene tener en cuenta
también la labor de Altolaguirre y Prados con *Litoral*, la
revista y las ediciones, continuadas luego en Madrid, con
Héroe, así como otras obras del lado de la crítica, por ejemplo
el libro de Valbuena Prat, *La poesía española contemporánea*.
Madrid, CIAP, 1930, y, antes aún, el artículo de Fernández
Almagro en la revista murciana *Verso y Prosa*, "Nómina
incompleta de la nueva literatura" (1927).
[39] J. Guillén, "Lenguaje de poema, una generación", en
Lenguaje y poesía. Madrid, Alianza, 1969, p. 196.
[40] C. B. Morris, *Una generación de poetas españoles (1920-
1936)*. Madrid, Gredos, 1988, p. 25. Recordemos el librito de
esa misma época, escrito y editado en México, *Forma y espíritu
de una lírica española*, etc. (1950), de J. F. Cirre (ed. facsímil en
Granada, ed. Don Quijote, 1982). Los textos que nos sirven de
referencia, además de los ya mencionados de P. Salinas, son:
Dámaso Alonso, "Góngora y la literatura contemporánea"
[1932], en *Estudios y ensayos gongorinos*. Madrid, Gredos, 1960
(2.ª); "Una generación poética" [1948], en *Poetas españoles
contemporáneos*. Madrid, Gredos, 1978 (3.ª). Jorge Guillén,
"Federico en persona" [1955] en F. García Lorca, *Obras*

Lo primero que se percibe, de manera evidente, es el valor del testimonio personal, capaz de transcribir la verdadera realidad de su pasado. Así, D. Alonso (1948) ostenta su "apasionada evidencia de participante", Guillén (1955 y 1958) hace una afirmación de fe generacional y comenta: "aquí se trata de un saber experimental, de historia vivida, no estudiada"; y Salinas quiere reunir de nuevo a los poetas "en el suelo provisional" del recuerdo, mientras espera un mañana que recomponga la unión del ayer. Es ésta una forma de ofrecer cierta imagen colectiva, especie de fotografía de grupo, con valor representativo. Dámaso se fija en esa realidad humana agrupada en el paso del Guadalquivir, por la noche, sobre la cubierta de la barca: "imagen de la vida", que representaba los vínculos de amistad. Guillén menciona las reuniones, sin exhaustividad, pero con propósito de delimitar un perfil colectivo que, por la convivencia, "se ahonda en comunidad vital".

Insisten especialmente D. Alonso y J. Guillén en que al grupo le conviene objetivamente el distintivo de "generación", ya que, de hecho, entre los años 1920 y 1936, ellos se entendían como tal, aun sin decirlo. En palabras de Guillén: "la idea de generación estaba ya en el aire. Entonces apareció... como una realidad conocida empíricamente, y de ningún modo por inducción *a posteriori*". Y D. Alonso en 1932 ya ejercía de mentor: "forman una especie de grupo que siente los nexos de contemporaneidad y semejanza de intención, y fundan revistas [...] en las que se percibe claramente la comunidad de intereses estéticos de una nueva generación, cada vez más amplia..." Dos rasgos van a señalar definitivamente a esta generación: la verdadera e intensa amistad que brota poco a poco (y que, como ejemplariza

Completas. Madrid, Aguilar, 1966 (12.ª); "Lenguaje de poema: una generación" [1958], en *Lenguaje y poesía*. Madrid, Alianza, 1969. Luis Cernuda, "Generación de 1925", en *Estudios sobre poesía española contemporánea* [1957]. Madrid, Guadarrama, 1970 (2.ª).

Dámaso en su artículo, tiene una convergencia en torno al centenario de Góngora, sus celebraciones, publicaciones y empresas) y la variedad de direcciones poéticas, de lenguaje, de técnicas. Dámaso recurre a la imagen musical: magnífico coro en que cada voz tiene su timbre. Y Guillén: "Homogéneo, sí, el conjunto, pero formado por personalidades muy distintas".

Aunque el recuerdo y el interés hayan idealizado ese retrato, a la hora de precisar las notas distintivas de la actividad literaria vuelven a ser muy coincidentes, reafirmando su coherencia: aceptación íntegra del legado poético anterior (clásico y moderno), afán de renovación e innovación, sin rupturas, sentimiento de contemporaneidad (con la poesía europea), preocupación por el lenguaje y, temporalmente, por la metáfora, "voluntad de poesía, como creación, de poema como quintaesenciado mundo" (J. Guillén, 1958). También establecen pareja distribución temporal de su proceso, resaltando (aun Cernuda) el momento de culminación e inflexión en torno a 1927.

Aunque la unanimidad de la crítica en torno al nombre de "generación" no se haya logrado,[41] y se puedan advertir nuevas variaciones de las trayectorias y puntos de conflictos (en torno a Cernuda, etc.), la imagen así fijada sigue actuando como negativo de referencia y los estudios actuales (Rozas, Díez de Revenga) parecen reafirmar con matices la validez general establecida, que, en el plano de la historia literaria, ya reivindicaba Valbuena Prat: "Hemos escogido el nombre de *generación del 27* por creerlo el más significativo para las figuras que nacen en torno a 1900".[42]

---

[41] V. Gaos habla en su antología de *grupo poético*, y muestran reservas R. Ferreres y A. P. Debicki. J. M. Rozas, sin embargo, titula un importante trabajo: *El 27 como generación*. Santander, 1978.

[42] Merece la pena destacar la atención de Valbuena en el libro mencionado en nota 38. La historia de su actitud está ahora en la edición actualizada por M.ª del Pilar Palomo de su *Historia de la Literatura Española*, tomo V. Barcelona, G. Gili, 1983.

El resultado es una atención crítica amplísima y la mitificación de ese grupo y de la época literaria en que se desenvuelven. Dicho casi en los mismos términos, con el preciosismo lírico de Jorge Guillén:

¿Aquel momento ya es una leyenda?

Leyenda que recoge firme núcleo.
Así no se evapora, legendario
Con sus claras jornadas de esperanza.
Esperanza en acción y muy jovial,
Sin postura de escuela o teoría,
Sin presunción de juventud que irrumpe,
Redentora entre añicos,
Visible el entusiasmo
Diluido en la luz, en el ambiente
De fervor y de amistad.

Un recuerdo de viaje
Queda en nuestras memorias.
Nos fuimos a Sevilla.

("Unos amigos. Diciembre de 1927")[43]

Y ahora, aunque sea de manera sucinta, conviene referirse a la historia del grupo, fijando algunas fechas en su constitución y delimitación, que permitan también el recuerdo de las obras más significativas. Parece de alguna manera natural dividir el largo periodo vital y creativo de estos poetas en tres etapas. Primera: Desde la sucesiva aparición (hacia 1921 los primeros) hasta 1936 (con la muerte de Lorca y de Hinojosa); segunda: El interludio de la guerra civil (con una poesía, en cualquier caso, de urgencia y compromiso); tercera: El tiempo de 1939 hasta el final, con el exilio en gran parte de él, que para algunos (Salinas, Cernuda, Prados) fue definitivo y para otros desembocó en el nuevo reencuentro (Guillén, Alberti), mientras los menos siguieron

[43] *Aire nuestro. Y otros poemas.* Valladolid, Diputación, 1987.

en España (Aleixandre, D. Alonso, G. Diego). Pero esa división tan amplia merece mayores precisiones.

La *primera etapa*, de unos quince años —1921 a 1936—, prescindiendo ahora de la prehistoria literaria (*Impresiones y paisajes*, 1918, de Lorca o *El romancero de la novia*, 1920, de Gerardo Diego), admite una división en dos momentos:

El primero contempla el inicio de las relaciones amistosas y la sucesiva aparición de los primeros libros (Lorca y Dámaso Alonso en 1921, Salinas en 1923, G. Diego en 1922 y 1924, Alberti sólo en 1925; otros, como Guillén, son aún conocidos por sus poemas en revistas) para culminar en el llamado propiamente "momento generacional", en torno al 1927, con los actos gongorinos, las publicaciones periódicas, las primeras nóminas, libros importantes: *Cántico*, de J. Guillén, *Ámbito*, de Aleixandre, *Seguro Azar*, de Salinas, *Romancero gitano*, de García Lorca. La riqueza poética de las tendencias es verdaderamente notable: a la reconocida pero superficial infuencia gongorina se superponen la de Fray Luis o San Juan de la Cruz, con Garcilaso; y sobre todo se renueva la poesía tradicional, por impulso de Lorca y de Alberti, con el poder de la metáfora, así como se decanta una "poesía pura", que constituye un signo de la época,[44] en los libros iniciales de Lorca o en Salinas y Guillén, y sobrevive la poesía "de creación" en Gerardo Diego, su más consumado intérprete. Es el punto de equilibrio, de 1925 a 1929, entre la agitación de la vanguardia (1918-1923) y la preocupaión y orientación más ideológica y social, época estética de la generación.[45]

[44] Antonio Blanch, *La poesía pura española. Conexiones con la cultura francesa*. Madrid, Gredos, 1976, para la determinación de sus características en el grupo, de Guillén a Gerardo Diego y Lorca.

[45] También desde el análisis de la poesía pura ha señalado A. Blanch la curva de su vigencia e interés con una distribución cronológica semejante: ascenso desde 1922 a 1926, cima de la curva en 1927 y 1928, descenso desde este año hasta 1930. A este momento corresponden también los libros primeros de

El segundo momento de esta primera etapa abarca los años 1930 a 1936, pero comienza con los efectos de las crisis personales (Alberti y Lorca), de la crisis social derivada del *crack* del 29 y su correlato político europeo y español, con la proclamación de la República en 1931. Apunta doctrinalmente en el libro de José Díaz Fernández, *El nuevo romanticismo* (1930) y ha podido ser justamente descrito, por lo que se refiere a este grupo, con el título de "la poesía española entre pureza y revolución".[46] Es la hora de la presencia combativa de Pablo Neruda en España, con su revista *Caballo verde para la poesía*, que se abre con la proclama "Por una poesía impura"; del compromiso militante y de la poesía revolucionaria (Alberti, Prados); de la presencia del surrealismo, con las obras de Hinojosa, de Cernuda (recogidas en *La realidad y el deseo*, 1936); de Aleixandre: *Espadas como labios* y *La destrucción o el amor*; de Alberti: *Cal y canto* y *Sobre los ángeles*; de Lorca: *Poeta en Nueva York* y *Llanto por Ignacio Sánchez Mejías*.[47] Pero es también la época del segundo *Cántico* de Guillén (1936) y de *La voz a ti debida*, de Salinas (1935), entre otros.

La *segunda etapa* es el interludio de la guerra civil. Mueren ya trágicamente, en 1936, Federico García Lorca y José M.ª Hinojosa. La actividad y el compromiso de los escritores de la generación es diverso; unos

---

Altolaguirre, *Las islas invitadas* (1926), *Ejemplo* (1927), *Poema del agua* (1927), y las obras de E. Prados, *Canciones del farero* (1926), *Vuelta (Seguimientos-ausencias)* (1927).

[46] Se trata del ya clásico libro de Juan Cano Ballesta, *La poesía española, entre pureza y revolución (1930-1936)*. Madrid, Gredos, 1972.

[47] Naturalmente no podemos olvidar las polémicas acerca de la penetración del surrealismo francés y de la adecuación del término para la poesía española. Pero quizás esa polémica tenga hoy, a la vista del conjunto de los fenómenos artísticos de la época (cine, pintura, literatura), bastante menos valor y significado.

permanecen en España hasta el fin de la contienda y otros salen antes. Pero es general en ellos la adhesión a la legalidad republicana, y de muchos de estos poetas se encuentran composiciones en las revistas (*El mono azul, Hora de España*) y en las antologías (*Poetas en la España leal, Romancero de la guerra civil*). Ese momento quedó bien definido por Alberti, cuando, ya pasado, escribió del "desorden impuesto", de la "prisa" y de la "urgente gramática necesaria" en que él como todos había vivido.

La *tercera etapa* comienza con el exilio de cada poeta. Los primeros años, en que ocurre la II Guerra Mundial, según el carácter común de ese exilio, son de tanteo, incertidumbre y esperanza; también de provisionalidad, y escasez incluso, en la adaptación a las nuevas circunstancias (tan bien reflejada en alguna correspondencia, como la de Salinas y Guillén). El primer momento de este periodo, entre 1939 y 1950, corresponde a la creación de la versión final de *Cántico* (1945 y 1950), a los últimos libros de Salinas: *El contemplado* y *Todo más claro* (1949), a *Entre el clavel y la espada* y *A la pintura*, de Alberti, a *Las nubes* y *Como quien espera el alba* , de Cernuda; y dentro de España, pues no todos se marcharon, a *Hijos de la ira*, de Dámaso Alonso, *Sombra del paraíso*, de V. Aleixandre (ambos de 1944), *Alondra de verdad*, de G. Diego.

El segundo momento parte de ese límite convencional de 1950 y alcanza hasta mediados de los años sesenta. Asentada la inevitable marea del exilio, la estabilidad da origen a un nuevo florecimiento que, en el caso de V. Aleixandre y de J. Guillén, recoge la experiencia inmediata e introduce la dimensión histórica en la poesía. La serie *Clamor* (1957-1963) de Guillén, con tres libros (*Maremagnum, ...Que van a dar a la mar, A la altura de las circunstancias*), se ve completada con *Homenaje* en 1967. Aleixandre publica *Historia del corazón* en 1954 que, según opinión unánime, representa el inicio de un nuevo ciclo en su poesía, seguido por *En un vasto dominio* (1962). Luis Cernuda se instala definitivamente en México a partir de 1952, después de la etapa de Estados Unidos, y culmina su melancólica reflexión moral en la versión definitiva de *La realidad y el deseo*, con *Las horas contadas* y *Desolación de la Quimera*. Gerardo Diego sigue su magisterio en España, con una abundante producción que publica con cierto desorden cronológico, y Bergamín, poeta desplazado, reúne en volumen (desde 1962) algunas de sus obras. Pero es también el momento de las primeras ausencias por la muerte: Salinas (1951), Altolaguirre (1959), Prados (1962), Cernuda (1963).

El tercer momento será el del reencuentro de los extrañados con su tierra, en el caso de Guillén y de Alberti, y la prolongación de sus obras con libros "de senectud", tan importantes en el caso de V. Aleixandre como *Poemas de la consumación* y *Diálogos de conocimiento*, otra renovación de su lírica, o con la continuación de Guillén en *Final* (1982) o de Alberti, con su último libro del exilio: *Roma, peligro para caminantes* y su poesía de circunstancias en el retorno. La muerte llega para Bergamín en 1983, para Guillén y Aleixandre en 1984, para G. Diego en 1987, para D. Alonso en 1990.

VI. MIGUEL HERNÁNDEZ EN SU ENCRUCIJADA

Reconocemos la figura poética de Miguel Hernández en un proceso de cambio intenso y rápido, de modo que sucesivamente va dejando de ser el que era, en parte, para encontrar otra dimensión vital, otra ideología, otro estilo poético. Parece vivir en una encrucijada que se ofrece en esos tres aspectos, enmarcados por la crisis de la sociedad española que va desde la caída de la monarquía y la proclamación de la República hasta el final de la guerra civil. Tramo histórico que ciñe la misma peripecia vital del poeta y que determina en medida considerable el cambio de su poesía. Incluso en el cómputo convencional de las generaciones está en un lugar intermedio, es decir, crucial, entre la del 27, ya consolidada cuando Miguel publica su primer libro, y la del 36, donde quizás más naturalmente podría haberse integrado, como precursor, de haber existido.

Al cerrar la exposición con este poeta estamos, a la vez, resumiendo las características de su momento, que coincide con el del 27 (influencia del surrealismo y compromiso político), y concediéndole un valor emblemático, pues es la voz primera, original, de ese nuevo desarrollo de la poesía que, en cierta medida quebraría la guerra, y representa, como ninguno, el compromiso militante y popular de la literatura en la contienda, hasta ser juzgado y condenado a muerte sólo por esa causa.

Tres fechas podríamos recordar, en que el punto geográfico de la ciudad de Madrid es su centro de referencia para el cambio. 1931, primer viaje a la capital, con recomendaciones que no encuentran acogida: fracaso que abre los ojos al neófito poeta. 1934, segundo viaje e incorporación a los cenáculos literarios de la capital, relaciones y atención de los escritores consagrados: entrada en el círculo de Neruda, influencia de Aleixandre, y publicación de su segundo libro; participación militante en la lucha ideológica durante la guerra civil. 1939/40, derrota del bando republicano, prisión, condena a muerte, no ejecutada. Y entre ellas, otros tantos periodos en Orihuela: prehistoria literaria del niño dedicado al negocio paterno, con ambiciones, antes del 31; etapa de reflexión, asimilación e incorporación a la nueva literatura, imitativamente, que le permite la adquisición de un nuevo lenguaje, y vinculación a los proyectos literarios e ideológicos de Sijé, del 31 hasta el 34. Huida al terminar la guerra, prisión, refugio en Orihuela, donde de nuevo es detenido, iniciando su peregrinación por cárceles hasta su última estancia en la de Alicante.

La oposición entre Orihuela y Madrid podría representar así la tensión entre dos moradas, dos comprensiones del mundo, dos sistemas de relaciones afectivas y estéticas, que cabe simplificar en las personas de Sijé y

Neruda, con Josefina al fondo (noviazgo, ruptura, reconciliación, hijos...). En su encrucijada vital y poética aparece una conformidad con el origen que viene a ser su destino, resumido líricamente en la centralidad de la vida y en su inmediato sentimiento de trágica amenaza.

Como ha expuesto Agustín Sánchez Vidal, la "Elegía" a Ramón Sijé (muerto en diciembre de 1935) muestra toda la contradicción de Miguel Hernández desde el plano lingüístico e imaginario hasta el ideológico; y, por supuesto, en el afectivo, "al componer una elegía por la muerte de un amigo entrañable de quien le separaban ya muchas cosas, entre ellas nada menos que un concepto muy distinto de la muerte".[48]

Encrucijada vital y poética que percibimos de manera abrupta en la neogongorina y hermética colección de octavas que forma *Perito en lunas* (libro que deja fuera otras composiciones, décimas, poemas de metro breve) con que supera su modernismo regionalista inicial; y en el paso a la poesía formalmente cerrada, pero de honda vibración y expresividad quevediana, de *El rayo que no cesa*, donde su cosmovisión —amor, muerte, tierra unidos al vientre de la mujer— aparece ya configurada. Ha sido el fruto de la disyuntiva (años 1934-1936) que crecerá implacablemente con los mejores poemas de la guerra, en *Viento del pueblo* y *El hombre acecha*, heroísmo y dolor, personal y colectivo, para culminar en el intimismo del inconcluso y patético *Cancionero y romancero de ausencias*.[49]

Así, la encrucijada permanente, exterior e interior, en que Miguel Hernández inscribe su vida, se muestra, además de terrible, fecunda, al haber encontrado en ella, no sin vacilaciones y sufrimientos, su verdadero tono, por

---

[48] En la "Introducción" a Miguel Hernández, *Obra Completa. Poesía*. Madrid, Espasa Calpe, 1992, p. 68.

[49] Guillermo Carnero traza el proceso de esta poesía en "Miguel Hernández y el cambio estético en la España de los años treinta". *Las armas abisinias*. Barcelona, Anthropos, 1989, pp. 256-273.

profundidad en la raíz y vinculación originaria, entre la
posición más culta, representada por la poesía del 27
—del neogongorismo y clasicismo al surrealismo— así
como por Pablo Naruda —vuelta a la materialidad del
canto—, y la tradición popular, más directamente lírica.
Ha tenido que conjugar el canto con la composición
épica, la evocación y la arenga, y en una y otra situación
se advierte la preferencia por la estrofa cerrada
(décima, octava, lira, soneto) o abierta (silva) y por el
verso largo y consonante (endecasílabo, alejandrino) o
bien, depuradamente, por el poema breve, verso corto
de romance y canción, recurso al estribillo. De nuevo
Sánchez Vidal ha resumido precisamente el término
final de esta poesía: "Se logra así una aparente esponta-
neidad y sencillez, que no es sino la culminación de una
trayectoria densa, casi fulgurante, que en poco más de
seis años le transportó desde el epigonismo a una posi-
ción de avanzada".[50]

* * *

Esta exposición, en su brevedad, trata sólo de intro-
ducir a la lectura de una selección de poesía y de poetas
que marcan uno de los momentos más fecundos e inten-
sos de la lírica en lengua española. Precisamente esa

[50] Introducción cit., p. 105. Juan Cano Ballesta, siguiendo
también la mención de Dámaso Alonso que llama a Miguel
Hernández "epígono genial", titulaba ya el primer capítulo de
su estudio: "La trayectoria de Miguel Hernández, mimetismo
y personalidad poética". Allí mismo concluye que, por una
parte, "la obra hernandiana, dentro de su tendencia mimética,
está marcada por la nota de una gran originalidad"; pero, a la
vez, constata que llegó a producir muy poco en plena madurez
y que por ello ha de considerarse como una obra "esencial-
mente truncada, si no queremos ser injustos con el poeta".
Esto no la priva, sin embargo, de ser una clave del proceso
rehumanizador, cordial y realista en que se introduce la poesía
"tras las guerras civil y mundial". *La poesía de Miguel
Hernández*. Madrid, Gredos, 1971(2.ª), pp. 253-263.

realidad, apasionadamente descrita por Dámaso
Alonso, es la que da también adecuada razón de la nece-
sidad y de la insuficiencia de la empresa: "nunca las
voces de los poetas fueron más varias, ni más —en
variación— numerosas".[51] De su verdad es testimonio
este volumen.

JOSÉ PAULINO AYUSO

---

[51] Dámaso Alonso, *Poetas españoles contemporáneos*, ed.
cit., p. 51.

BIBLIOGRAFÍA SELECTA [1]

Albadalejo, T., Blasco, J. y Fuente, R. de la, eds.: *El Modernismo. Renovación de los lenguajes poéticos.* Valladolid, Universidad, 1990.

Allegra, Giovanni: *El reino interior. Premisas y semblanzas del Modernismo en España.* Madrid, Ediciones Encuentro, 1985.

Alemany, Carmen, ed.: *Miguel Hernández.* Alicante, Fundación Cultural CAM, 1992.

Alonso, Dámaso: *Poetas españoles contemporáneos.* Madrid, Gredos, 1978^5.

Alvar, Manuel: *Estudios y ensayos de literatura contemporánea.* Madrid, Gredos, 1971.

Barrera López, José Mª.: *El ultraísmo en Sevilla. Historia y textos.* Sevilla, Alfar, 1987, 2 vols.

Bary, David: *Larrea o la transfiguración literaria.* Barcelona, Cupsa, 1977.

Bellver, Catherine G.: *El mundo poético de Juan José Domenchina.* Madrid, Editora Nacional, 1979.

Bernal, José Luis, ed.: *Gerardo Diego y la vanguardia hispánica.* Cáceres-Madrid, Universidad de Extremadura, 1993.

---

[1] Esta bibliografía se limita a obras generales y de referencia, por la multiplicación imposible de títulos acerca de autores particulares. Se prefieren las que tratan de grupos (generación del 27), movimientos (las vanguardias) o épocas (el modernismo). Para bibliografías particulares hay que remitir a las fuentes específicas y a los volúmenes de Historia y Crítica de la Literatura.

——, *El ultraísmo. ¿Historia de un fracaso?* Cáceres, Universidad de Extremadura, 1988.

Blanch, Antonio: *La poesía pura española. Conexiones con la cultura francesa.* Madrid, Gredos, 1976.

Bodini, Vittorio: *Los poetas surrealistas españoles.* Barcelona, Tusquets, 1982.

Bousoño, Carlos: *La poesía de Vicente Aleixandre. Imagen. Estilo. Mundo poético.* Madrid, Gredos, 1968.

Buckley, Ramón y Crispin, John: *Los vanguardistas españoles. (1925-1935).* Madrid, Alianza, 1973.

Cano, José Luis: *La poesía de la generación del 27.* Madrid, Guadarrama, 1986.

Cano Ballesta, Juan: *La poesía española entre pureza y revolución.* (1930-1936.) Madrid, Gredos, 1975.

Carnero, Guillermo, ed.: *Actas del Congreso Internacional sobre el Modernismo español e hispanoamericano.* Córdoba, Diputación, 1986.

——, *Las armas abisinias. Ensayos sobre literatura y arte del siglo XX.* Barcelona, Anthropos, 1989.

Castillo, Homero, ed.: *Estudios críticos sobre el Modernismo.* Madrid, Gredos, 1968.

Celma, Pilar: *La pluma ante el espejo. (Visión autocrítica del fin de siglo).* Salamanca, Universidad, 1989.

Cernuda, Luis: *Estudios sobre poesía española contemporánea.* Madrid, Guadarrama, 1957.

Cirre, José Francisco: *Forma y espíritu de una lírica española. (1920-1935).* México, Panamericana, 1950 (reed. Granada, Los libros de Don Quijote, 1982).

Debicki, Andrew: *Estudios sobre poesía española contemporánea. La generación de 1924-1925.* Madrid, Gredos, 1968.

Díaz de Guereñu, Juan M.: *La poesía de Juan Larrea: creación y sentido.* San Sebastián, Mundaiz-Universidad de Deusto, 1988.

Díaz Plaja, Guillermo: *Estructura y sentido del novecentismo español.* Madrid, Alianza, 1975.

Díez de Revenga, Francisco J.: *Rubén Darío en la métrica española y otros ensayos.* Murcia, Universidad, 1985.

——, *La métrica de los poetas del 27.* Murcia, Universidad, 1973.

——, *Panorama crítico de la generación del 27.* Madrid, Castalia, 1987.

——, *Poesía española de vanguardia.* Madrid, Castalia, 1995.

Díez de Revenga, M.ª Josefa: *La poesía popular murciana en Vicente Medina*. Murcia, Universidad/ Academia Alfonso X el Sabio, 1983.

Durán, Manuel: *El superrealismo en la poesía española contemporánea*. México, Ecuador, 1950.

García de la Concha, Víctor: "Anotaciones propedéuticas sobre la vanguardia literaria hispánica". *Homenaje a Samuel Gili Gaya*. Barcelona, Biobliograf, 1979.

——, *El surrealismo*. Madrid, Taurus, 1982.

——, "Más allá de la 'Generación del 27': La década prodigiosa". *Ínsula*, 529, 1991, pp. 2-3.

Geist, Anthony Leo: *La poética de la generación del 27 y las revistas literarias: de la vanguardia al compromiso (1918-1936)*. Barcelona, Labor/Guadarrama, 1980.

Gicovate, B.: *Ensayos sobre poesía hispánica. (Del modernismo a la vanguardia)*. México, Ediciones de Andrea, 1967.

González Muela, Joaquín: *El lenguaje poético de la generación Guillén-Lorca*. Madrid, Ínsula, 1954.

Guillén, Jorge: *Lenguaje y poesía. Algunos casos españoles*. Madrid, Alianza, 1972.

Gullón, Ricardo: *Direcciones del Modernismo*. Madrid, Alianza, 1990.

Gurney, Robert: *La poesía de Juan Larrea*. Bilbao, Universidad del País Vasco, 1985.

Ilie, Paul: *Los surrealistas españoles*. Madrid, Taurus, 1972.

Jiménez, José Olivio, ed.: *El simbolismo*. Madrid, Taurus, 1979.

Litvak, Lily: *El Modernismo*. Madrid, Taurus, 1975.

Mainer, José-Carlos: *La edad de Plata (1902-1939)*. Madrid, Cátedra, 1984.

Marco, Joaquín: *Poesía española del siglo XX*. Madrid, Edhasa, 1986.

Morelli, Gabriele: *Treinta años de vanguardia española*. Sevilla, El Carro de la Nieve, 1991.

Morris, C. B.: *Una generación de poetas españoles (1920-1936)*. Madrid, Gredos, 1988.

Navarro Tomás, Tomás: *Los poetas en sus versos*. Barcelona, Ariel, 1973.

Paraiso, Isabel: *El verso libre hispánico*. Madrid, Gredos, 1985.

Piñero, Pedro M. y Reyes, R., eds.: *Bohemia y literatura*. Sevilla, Universidad, 1993.

Puccini, Darío: *Miguel Hernández: Vida y poesía y otros estudios hernandianos*. Alicante, Instituto de Estudios Juan Gil-Albert, 1987.

Rozas, Juan Manuel: *La generación del 27 desde dentro. (Textos y documentos).* Madrid, Alcalá, 1974.

——, *El 27 como generación.* Santander, La Isla de los Ratones, 1978.

Salinas, Pedro: *Literatura española del siglo XX.* Madrid, Alianza, 1970.

Siebenmann, Gustav: *Los estilos poéticos en España desde 1900.* Madrid, Gredos, 1973.

Soria Olmedo, Andrés: *Vanguardismo y crítica literaria en España.* Madrid, Istmo, 1988.

Torre, Guillermo de: *Historia de las literaturas de vanguardia.* Madrid, Guadarrama, 1971.

Valbuena, Ángel: *La poesía española contemporánea.* Madrid, CIAP, 1930.

Videla, Gloria: *El ultraísmo. Estudio sobre los movimientos de vanguardia en España.* Madrid, Gredos, 1974.

Vivanco, Luis F.: *Introducción a la poesía española contemporánea.* Madrid, Guadarrama, 1971.

Zardoya, Concha: *Poesía española del siglo XX. Estudios temáticos y estilísticos.* Madrid, Gredos, 1974.

Zuleta, Emilia de: *Cinco poetas españoles. (Salinas, Guillén, Lorca, Alberti, Cernuda).* Madrid, Gredos, 1971.

NOTA PREVIA

L A selección de autores en la *Antología* trata de responder a su representatividad histórica y al valor literario que hoy les atribuimos. La presencia de Rubén Darío parece consolidada por la tradición y por la perspectiva crítica. Hemos preferido una nómina amplia de la generación del 27, que diese cuenta del modo más completo de ese fenómeno poético, desde Villalón a Bergamín. Sin embargo, Dámaso Alonso sólo está representado por su primera obra, ya que será incluido de nuevo en la poesía de posguerra por razón de su peculiar presencia en ella. En la selección de cada poeta incorporamos, en su caso, los textos correspondientes a la guerra civil y al exilio. Pero un último y breve apartado intenta también presentar la poesía bélica anónima —o de autores menos reconocidos— de ambos bandos.

Unas líneas introductorias ofrecen los datos esenciales de la vida y obra de cada autor y alguna referencia bibliográfica reciente de su poesía. Ha parecido innecesario acudir a muchas notas explicativas, limitándonos, en general, a las de carácter histórico o contextual. Otras serán fácilmente subsanables con una consulta al Diccionario adecuado.

J. P. A.

ANTOLOGÍA
DE
LA POESÍA ESPAÑOLA
DEL SIGLO XX

I

SALVADOR RUEDA

(Benaque, Málaga, 1857 - Málaga, 1933)

D E familia campesina y numerosa, ejerció en Málaga diversos oficios y, desde 1882, como periodista en Madrid (*La Gaceta*, *El Globo*, *La Diana*, *El Imparcial*). Escribió cuadros de costumbres, cuentos, obras dramáticas, como *La Musa* (1902) o *La guitarra* (1907), y poesía próxima a la renovación modernista, a la que se anticipó de alguna forma por la musicalidad de sus versos y los experimentos con la métrica: *Noventa estrofas* (1883), *Aires españoles* (1890), *En tropel* (1892), etc. *Poesías Completas* en 1911.

Canciones y poemas. Antología concordada de su obra poética, ed. de Cristóbal Cuevas. Madrid, Fundación Ramón Areces, 1986. *Gran Antología*. 3 vols. Málaga, Arguval, 1989.

LA CIGARRA

Canta tu estrofa, cálida cigarra,
y baile al son de tu cantar la mosca,
que ya la sierpe en el zarzal se enrosca
y lacia extiende su verdor la parra.

5   Desde la yedra que a la vid se agarra
y en su cortina espléndida te embosca,
recuerda el caño de la fuente tosca
y el fresco muro de la limpia jarra.

No consientan tus élitros fatiga,
10   canta del campo el productivo costo,
ebria de sol y del trabajo amiga.

Canta y excita al inflamado agosto
a dar el grano de la rubia espiga
y el chorro turbio del ardiente mosto.

Cantos de la Vendimia, 1891.

LAS CANÉFORAS [1]

Deteniendo severo magistrado
su pie ante las canéforas preciosas,
mira en sus caras de purpúreas rosas
el pudor por carmines dibujado.

5   El temblador ropaje replegado
les da esbeltez de vírgenes graciosas
y llevan en las manos primorosas
ricas bandejas de oro cincelado.

Sobre el metal que espejeando brilla,
10   del sacrificio llevan la cuchilla
que al magistrado, cándidas, ofrecen.

Y le brindan también trigo flamante,
que en las caneas de oro rutilante
rubios granizos con el Sol parecen.

El país del Sol. España, 1901.

[1] *Canéforas.* Muchachas portadoras de canastillas (o bande-jas; "caneas" en v. 13) con ofrendas y utensilios rituales en la procesión de las Panateneas. Este título ofrece un ejemplo del gusto modernista por el referente clásico y cultural y por las palabras de especial sonoridad.

RUBÉN DARÍO

(Metapa, Nicaragua, 1867 - León, Nicaragua, 1916)

FÉLIX Rubén García Sarmiento, literariamente Rubén Darío, fue considerado, desde su libro *Azul* (1888), el introductor en España del movimiento modernista, que abrió un nuevo espacio a la lírica en nuestra lengua, renovando su carácter, la métrica y los temas, todo ello decisivo para la evolución poética del siglo. Tanto por su obra como por su estancia personal se le considera estrechamente vinculado a España, con *Prosas profanas* (1896), *Cantos de vida y esperanza* (1905), *El canto errante* (1907). Fue autor también de cuentos, numerosos artículos periodísticos (por ejemplo en *La Nación* y *La Tribuna* de Buenos Aires) y libros de semblanzas literarias, como *Los raros* (1896).

Poesía. Ed. de Ernesto Mejía Sánchez. Pról. Ángel Rama. Caracas, Biblioteca Ayacucho, 1977. *Prosas profanas*. Ed. de Ignacio de Zuleta. Madrid, Castalia, 1983.

CAUPOLICÁN [1]

A Enrique Hernández Miyares.

Es algo formidable que vio la vieja raza:
robusto tronco de árbol al hombro de un campeón
salvaje y aguerrido, cuya fornida maza
blandiera el brazo de Hércules, o el brazo de
                                  [Sansón.

5   Por casco sus cabellos, su pecho por coraza,
pudiera tal guerrero, de Arauco en la región,
lancero de los bosques, Nemrod que todo caza,
desjarretar un toro, o estrangular un león.

Anduvo, anduvo, anduvo. Le vio la luz del día,
10   le vio la tarde pálida, le vio la noche fría,
y siempre el tronco de árbol a cuestas del titán.

"¡El Toqui, el Toqui!" clama la conmovida casta.
Anduvo, anduvo, anduvo. La Aurora dijo:
                             ["Basta",
e irguióse la alta frente del gran Caupolicán.

Azul, 1888.

[1] *Caupolicán.* Mítico héroe araucano (región de Chile central) que luchó contra los españoles y los derrotó, hasta que fue capturado y ajusticiado en 1558. Trató de él ampliamente Alonso de Ercilla en *La Araucana* (1569-1589), de donde se toma este episodio de la elección de jefe o *toqui* mediante una prueba de fortaleza. (Canto II, estrofas 50-59.)

BLASÓN

Para la marquesa de Peralta.

El olímpico cisne de nieve
con el ágata rosa del pico
lustra el ala eucarística y breve
que abre al sol como un casto abanico.

5 En la forma de un brazo de lira
y del asa de un ánfora griega
es su cándido cuello que inspira
como prora ideal que navega.

Es el cisne, de estirpe sagrada,
10 cuyo beso, por campos de seda,
ascendió hasta la cima rosada
de las dulces colinas de Leda.

Blanco rey de la fuente Castalia, [2]
su victoria ilumina el Danubio;
15 Vinci fue su barón en Italia, [3]
Lohengrín es su príncipe rubio. [4]

[2] *Castalia.* Fuente que se hallaba cerca del santuario de Apolo en Delfos. Y toma su nombre de la ninfa que se arrojó a ella para escapar de la persecución del dios. A sus aguas se les atribuye el don de inspirar a los poetas. El cisne aparece vinculado a Apolo, a cuyo nacimiento asiste, y a la profecía.

[3] *Vinci.* Leonardo (1452-1519), el artista del Renacimiento, nació en esa localidad, cerca de Florencia. Pintó un cuadro de Leda y el cisne del que sólo se conserva una copia de Sodoma.

[4] *Lohengrin.* Héroe mítico de la tradición alemana, hijo de Parsifal, perteneciente a las leyendas del Grial. Es conocido como el Caballero del Cisne, pues fue llevado por una de estas aves a rescatar a la princesa de Brabante. Wagner compuso una ópera con este tema, estrenada en Weimar en 1850.

Su blancura es hermana del lino,
del botón de los blancos rosales
y del albo toisón diamantino
20   de los tiernos corderos pascuales.

Rimador de ideal florilegio,
es de armiño su lírico manto,
y es el mágico pájaro regio
que al morir rima el alma en un canto.

25   El alado aristócrata muestra
lises albos en campo de azur,
y ha sentido en sus plumas la diestra
de la amable y gentil Pompadour.

Boga y boga en el lago sonoro
30   donde el sueño a los tristes espera,
donde aguarda una góndola de oro
a la novia de Luis de Baviera. [5]

Dad, Marquesa, a los cisnes cariño,
dioses son de un país halagüeño
35   y hechos son de perfume, de armiño,
de luz alba, de seda y de sueño.

Prosas Profanas, 1896.

---

[5] *Luis de Baviera.* (1845-1886.) Es el rey artista y misán-
tropo, que ayudó a Wagner y ha dejado su fama vinculada a la
construcción de fabulosos castillos, donde vivía retirado.
Murió ahogado en el lago Starnberg.

CANCIÓN DE OTOÑO
EN PRIMAVERA

A (Gregorio) Martínez Sierra. [6]

Juventud, divino tesoro,
¡ya te vas para no volver!
Cuando quiero llorar, no lloro...
y a veces lloro sin querer...

5   Plural ha sido la celeste
historia de mi corazón.
Era una dulce niña, en este
mundo de duelo y aflicción.

Miraba como el alba pura;
10   sonreía como una flor.
Era su cabellera obscura
hecha de noche y de dolor.

Yo era tímido como un niño.
Ella, naturalmente, fue,
15   para mi amor hecho de armiño,
Herodías y Salomé...

Juventud, divino tesoro,
¡ya te vas para no volver!
Cuando quiero llorar, no lloro...
20   y a veces lloro sin querer...

Y más consoladora y más
halagadora y expresiva,
la otra fue más sensitiva
cual no pensé encontrar jamás.

[6] *G. Martínez Sierra.* (1881-1947.) Poeta modernista, dramaturgo dentro del modelo de Benavente, director de teatro que renovó la puesta en escena de las obras e influyó en la vida literaria a través de la actividad de la editorial Renacimiento.

25   Pues a su continua ternura
una pasión violenta unía.
En un peplo de gasa pura
una bacante se envolvía...

      En sus brazos tomó mi ensueño
30   y lo arrulló como a un bebé...
y le mató, triste y pequeño,
falto de luz, falto de fe...

      Juventud, divino tesoro,
¡te fuiste para no volver!
35   Cuando quiero llorar, no lloro...
y a veces lloro sin querer...

      Otra juzgó que era mi boca
el estuche de su pasión;
y que me roería, loca,
40   con su dientes el corazón.

      Poniendo en un amor de exceso
la mira de su voluntad,
mientras eran abrazo y beso
síntesis de la eternidad;

45   y de nuestra carne ligera
imaginar siempre un Edén,
sin pensar que la Primavera
y la carne acaban también...

      Juventud, divino tesoro,
50   ¡ya te vas para no volver!
Cuando quiero llorar, no lloro...
y a veces lloro sin querer.

      ¡Y las demás! En tantos climas,
en tantas tierras siempre son,
55   si no pretextos de mis rimas
fantasmas de mi corazón.

En vano busqué a la princesa
que estaba triste de esperar.
La vida es dura. Amarga y pesa.
60 ¡Ya no hay princesa que cantar!

Mas a pesar del tiempo terco,
mi sed de amor no tiene fin;
con el cabello gris, me acerco
a los rosales del jardín...

65 Juventud, divino tesoro,
¡ya te vas para no volver!
Cuando quiero llorar, no lloro...
y a veces lloro sin querer...
    ¡Mas es mía el Alba de oro!

Cantos de vida y esperanza, 1905.

LO FATAL

A René Pérez.

Dichoso el árbol que es apenas sensitivo,
y más la piedra dura porque esa ya no siente,
pues no hay dolor más grande que el dolor de ser
[vivo,
ni mayor pesadumbre que la vida consciente.

5   Ser, y no saber nada, y ser sin rumbo cierto,
y el temor de haber sido y un futuro terror...
y el espanto seguro de estar mañana muerto,
y sufrir por la vida y por la sombra y por

lo que no conocemos y apenas sospechamos,
10   y la carne que tienta con sus frescos racimos,
y la tumba que aguarda con sus fúnebres ramos,
¡y no saber adónde vamos.
ni de dónde venimos!...

Cantos de vida y esperanza, 1905.

RAMÓN M.ª DEL VALLE-INCLÁN

(Villanueva de Arosa, Pontevedra, 1866 - Santiago
de Compostela, La Coruña, 1936)

GENIAL innovador de la literatura española en la
novela y el teatro, actor, animador de tertulias, figura
pintoresca por su atuendo, es por todo uno de los escritores más importantes del siglo, cuya obra —en continua
revalorización— pasa del modernismo inicial al esperpento deformador. La obra narrativa comprende las
Sonatas (1902-1904), los ciclos de *La guerra carlista*
(1908-1909) y *El ruedo ibérico* (1925-1928), *Tirano
Banderas* (1926), etc. En el teatro destacan las *Comedias
Bárbaras* (1907-1908), *Divinas palabras* (1920), *Luces de
Bohemia* (1920), *Los cuernos de don Friolera* (1921) y
otras farsas y esperpentos recogidos en varios volúmenes. Su poesía abarca la arcaizante *Aromas de leyendas*
(1907), junto con *La pipa de Kif* (1919) y *El pasajero*
(1920).

Los poemas de Valle-Inclán que se incluyen a continuación están tomados del libro *Claves líricas,* Madrid,
Col. Austral, 1976 (reed). Agradecemos a la Editorial
Espasa-Calpe la autorización para reproducirlos.

GARROTE VIL [1]

¡Tan! ¡Tan! ¡Tan! Canta el martillo,
el garrote alzando están,
canta en el campo un cuclillo,
y las estrellas se van
5   al compás del estribillo
con que repica el martillo:
¡Tan! ¡Tan! ¡Tan!

El patíbulo destaca
trágico, nocturno y gris,
10   la ronda de la petaca
sigue a la ronda de anís,
pica tabaco la faca,
y el patíbulo destaca
sobre el alba flor de lis.

15   Áspera copla remota
que rasguea un guitarrón
se escucha. Grito de jota
del morapio peleón.
El cabileño patriota
20   canta la canción remota
de las glorias de Aragón.

Apicarada pelambre
al pie del garrote vil,
se solaza muerta de hambre.
25   Da vayas al alguacil,

---

[1] *Garrote vil.* Instrumento para la ejecución de la pena de
muerte, usado en España durante el siglo XIX y parte del XX,
que consistía en romper la médula al reo a la altura del bulbo
raquídeo mediante un tornillo fijado a un poste. Producía la
muerte instantánea.

y con un rumor de enjambre
acoge hostil la pelambre
a la hostil Guardia Civil.

Un gitano vende churros
30   al socaire de un corral,
asoman flautistas burros
las orejas al bardal,
y en el corro de baturros
el gitano de los churros
35   beatifica al criminal.

El reo espera en capilla,
reza un clérigo en latín,
llora una vela amarilla,
y el sentenciado da fin
40   a la amarilla tortilla
de yerbas. Fue a la capilla
la cena del cafetín.

Canta en la plaza el martillo,
el verdugo gana el pan,
45   un paño enluta el banquillo.
Como el paño es catalán,
se está volviendo amarillo
al son que canta el martillo:
            ¡Tan! ¡Tan! ¡Tan!

La pipa de kif, 1919.

ROSA DE SANATORIO

Bajo la sensación del cloroformo
me hacen temblar con alarido interno,
la luz de acuario de un jardín moderno
y el amarillo olor del yodoformo.

5   Cubista, futurista y estridente,
por el caos febril de la modorra
vuela la sensación, que al fin se borra,
verde mosca, zumbándome en la frente.

Pasa mis nervios, con gozoso frío,
10   el arco de lunático violín;
de un si bemol el transparente pío

tiembla en la luz acuaria del jardín,
y va mi barca por el ancho río
que separa un confín de otro confín.

La pipa de kif, 1919.

MANUEL MACHADO

(Sevilla, 1874 - Madrid, 1947)

E s poeta modernista y "decadente" que experimenta
un cambio en su obra a partir de la guerra civil, con
motivos políticos y sobre todo religiosos. En su lírica
hay emoción, humorismo y gravedad. Escribió también
teatro en verso en colaboración con su hermano
Antonio, siendo algunas obras: *Desdichas de la fortuna
o Julianillo Valcárcel* (1926), *Juan de Mañara* (1927),
Las Adelfas (1928) y *El hombre que murió en la guerra*
(conocida en 1940). Ejerció la crítica de teatro en el
periódico *El Liberal*, la revista *Cosmópolis*, etc. Libros
de poesía: *Alma* (1902), *Caprichos* (1905), *El mal poema*
(1909), *Cante hondo* (1912), *Horas de oro* (1938).

Poesías Completas. Ed. de Antonio Fernández Ferrer.
Sevilla, Renacimiento, 1993. *Alma. Ars Moriendi.* Ed. de
Pablo del Barco. Madrid, Cátedra, 1988. *Poesía.* Selecc.
y ed. de Andrés Trapiello. Barcelona, Planeta, 1993.

ADELFOS[1]

A Miguel de Unamuno.[2]

Yo soy como las gentes que a mi tierra vinieron
—soy de la raza mora, vieja amiga del Sol—,
que todo lo ganaron y todo lo perdieron.
Tengo el alma de nardo del árabe español.

5   Mi voluntad se ha muerto una noche de luna
en que era muy hermoso no pensar ni querer...
Mi ideal es tenderme, sin ilusión ninguna...
De cuando en cuando, un beso y un nombre de
                                          [mujer.

En mi alma, hermana de la tarde, no hay
                                    [contornos...;
10   y la rosa simbólica de mi única pasión
es una flor que nace en tierras ignoradas
y que no tiene aroma, ni forma, ni color.

Besos, ¡pero no darlos! Gloria... ¡la que me
                                          [deben!
¡Que todo como un aura se venga para mí!
15   ¡Que las olas me traigan y las olas me lleven,
y que jamás me obliguen el camino a elegir!

¡Ambición! No la tengo. ¡Amor! No lo he
                                        [sentido.
No ardí nunca en un fuego de fe ni gratitud.
Un vago afán de arte tuve... Ya lo he perdido.
20   Ni el vicio me seduce ni adoro la virtud.

___

[1] *Adelfos*. Del griego, hermanos.
[2] *Miguel de Unamuno*. (1864-1936) Escritor de la genera-
ción del 98, fue figura señera de la primera mitad del siglo.
Véase presentación y poemas en esta *Antología*.

De mi alta aristocracia dudar jamás se pudo,
No se ganan, se heredan, elegancia y blasón...
Pero el lema de casa, el mote del escudo,
es una nube vaga que eclipsa un vano sol.
25   Nada os pido. Ni os amo ni os odio. Con
                        [dejarme,
lo que hago por vosotros, hacer podéis por mí...
¡Que la vida se tome la pena de matarme,
ya que yo no me tomo la pena de vivir!...

Mi voluntad se ha muerto una noche de luna
30   en que era muy hermoso no pensar ni querer...
De cuando en cuando un beso, sin ilusión ninguna.
¡El beso generoso que no he de devolver!

París, 1899.

Alma, 1902.

CASTILLA[3]

A Manuel Reina. Gran poeta.[4]

El ciego sol se estrella
en las duras aristas de las armas,
llaga de luz los petos y espaldares
y flamea en las puntas de las lanzas.

5   El ciego sol, la sed y la fatiga.
Por la terrible estepa castellana,
al destierro, con doce de los suyos,
—polvo, sudor y hierro— el Cid cabalga.

Cerrado está el mesón a piedra y lodo...
10   Nadie responde. Al pomo de la espada
y al cuento de las picas, el postigo
va a ceder... ¡Quema el sol, el aire abrasa!

A los terribles golpes
de eco ronco, una voz pura, de plata
15   y de cristal, responde... Hay una niña
muy débil y muy blanca
en el umbral. Es toda
ojos azules; y en los ojos, lágrimas.
Oro pálido nimba
20   su carita curiosa y asustada.

[3] *Castilla.* Recoge y reelabora un episodio del anónimo *Poema de Mio Cid* (s. XIII): Cantar I, vv. 31-49 (Edición de Ian Michael, Madrid, Castalia, 1981 [2ª]).
[4] *Manuel Reina.* (1856-1905) Poeta cordobés influido por el romanticismo español y el parnasianismo francés, formó parte de la renovación modernista. Fue también alabado por Rubén Darío.

"¡Buen Cid! Pasad... El rey nos dará muerte,
arruinará la casa
y sembrará de sal el pobre campo
que mi padre trabaja...
25   Idos. El Cielo os colme de venturas...
En nuestro mal, ¡oh, Cid! no ganáis nada."

    Calla la niña y llora sin gemido...
Un sollozo infantil cruza la escuadra
de feroces guerreros,
30   y una voz inflexible grita: "¡En marcha!"

    El ciego sol, la sed y la fatiga.
Por la terrible estepa castellana,
al destierro, con doce de los suyos,
—polvo, sudor y hierro— el Cid cabalga.

Alma, 1902.

FELIPE IV[5]

A Antonio de Zayas.[6]

Nadie más cortesano ni pulido
que nuestro Rey Felipe, que Dios guarde,
siempre de negro hasta los pies vestido.

Es pálida su tez como la tarde,
5   cansado el oro de su pelo undoso,
y de sus ojos, el azul, cobarde.

Sobre su augusto pecho generoso,
ni joyeles perturban ni cadenas
el negro terciopelo silencioso.

10   Y, en vez de cetro real, sostiene apenas
con desmayo galán un guante de ante
la blanca mano de azuladas venas.

Alma, 1902.

[5] *Felipe IV.* Describe el poema un famoso lienzo de Velázquez que se halla en el Museo del Prado, pintado hacia 1626, pero cuya figura no es la del rey, sino la de su hermano, el infante Don Carlos.

[6] *Antonio de Zayas.* (1871-1945) Duque de Amalfi, viajero, traductor y poeta de evocaciones históricas y versos de esmerada perfección formal (considerado por ello un parnasiano).

YO, POETA DECADENTE

Yo, poeta decadente,
español del siglo veinte,
que los toros he elogiado,
y cantado
5   las golfas y el aguardiente...,
y la noche de Madrid,
y los rincones impuros,
y los vicios más oscuros
de estos bisnietos del Cid...,
10   de tanta canallería
harto estar un poco debo;
ya estoy malo, y ya no bebo
lo que han dicho que bebía.

Porque ya
15   una cosa es la Poesía
y otra cosa lo que está
grabado en el alma mía...

Grabado, lugar común.
Alma, palabra gastada.
20   Mía... no sabemos nada.
Todo es conforme y según.

El mal poema, 1909.

OCASO

Era un suspiro lánguido y sonoro
la voz del mar aquella tarde... El día,
no queriendo morir, con garras de oro,
de los acantilados se prendía.

5   Pero su seno el mar alzó potente,
y el sol, al fin, como en soberbio lecho,
hundió en las olas la dorada frente,
en una brasa cárdena deshecho.

Para mi pobre cuerpo dolorido,
10   para mi triste alma lacerada,
para mi yerto corazón herido,

para mi amarga vida fatigada...,
¡el mar amado, el mar apetecido,
el mar, el mar, y no pensar en nada!...

Ars Moriendi, 1921.

TOLEDO, BLASÓN DE ESPAÑA [7]

Las piedras del Alcázar de Toledo
—piedras preciosas hoy— vieron un día
al César, cuyo sol no se ponía,
poner al Mundo admiración y miedo.

5   Sillares para el templo de la Fama,
palacio militar, a su grandeza
el arte dio la línea de belleza
que una vez más desdibujó la llama.

Hoy, ante su magnífica ruina,
10   honor universal, sol en la Historia,
puro blasón del español denuedo,

canta una voz de gesta peregrina:
"¡Mirad, mirad cómo rezuman gloria
las piedras del Alcázar de Toledo!"

Horas de oro. (Devocionario poético), 1938.

[7] *Toledo*. Poema escrito en conmemoración de la resistencia del Alcázar, donde el coronel Moscardó se encerró y defendió hasta la llegada de las tropas franquistas del general Varela, el 27 de septiembre de 1936. Es uno de los motivos más frecuentes de exaltación en la literatura del bando sublevado.

FRANCISCO VILLAESPESA

(Almería, 1877 - Madrid, 1936)

E s un poeta plenamente modernista en quien pervive el influjo romántico, con posteriores influencias orientales. Participó muy activamente en la vida literaria madrileña a través de las revistas y las tertulias. *Intimidades* (1893), *La copa del rey de Thule* (1900), *Sonetos amorosos* (1918) son algunos de sus títulos en poesía. Escribió también cuentos y obras dramáticas en verso, de las que son especialmente famosas *El alcázar de las perlas* (1911) y *Abén Humeya* (1913).

   Antología poética. Ed. de Luis F. Díaz Larios. Almería, Editorial Cajal, 1977.

PAISAJE INTERIOR

A Gregorio Martínez Sierra.[1]

Cual sol en los cielos entreabre el delirio
su enorme pupila torva y sanguinaria,
y en la roja tarde vaga solitaria
el alma marchita de cárdeno lirio.

5   Lenta nube vierte sangre de martirio,
el ciprés eleva su negra plegaria
y enciende en el cáliz de la pasionaria,
lívida luciérnaga, fantástico cirio.

Sollozan los vientos. En lagos de llanto
10   los cisnes heridos apagan su canto.
Sobre las palomas vuelan los neblíes,

y entre las adelfas alza lentamente
su verde cabeza la eterna Serpiente
de escamas de oro y ojos de rubíes.

La copa del rey de Thule, 1900.

---

[1] *G. Martínez Sierra.* Véase la nota a "Canción de otoño en primavera" de Rubén Darío.

HORAS DE TEDIO

Cansancio, fatiga...
Fatiga, cansancio...
Distintas palabras, pero un mismo gesto
de peso en los hombros, de pena en los labios.

5   Siempre el mismo cielo
azul o nublado,
los mismos caminos
ásperos o llanos,
las mismas ciudades con los mismos vicios,
10   con sus mismos necios y sus mismos sabios.
¿Dónde vamos, vida?
Vida, ¿dónde vamos?

Reposa un instante cerca de esa fuente,
al pie de esos álamos,

15   al beso del viento y al son de las aguas
entorna los párpados
y canta tus nuevas canciones ya viejas,
porque también antes otros las cantaron...

Cansancio, fatiga...
20   Fatiga, cansancio...
Distintas palabras, pero un mismo gesto
de peso en los hombros, de pena en los labios.

Tristitiae Rerum
(La tristeza de las cosas), 1906.

Las cancelas están herrumbrosas,
y en las húmedas sendas del huerto,
deshojadas y tristes, han muerto
en un llanto de nieve las rosas.

5   Brota fúnebre hierba en las losas.
El salón está triste y desierto,
y un espejo, en las sombras, ha abierto
sus moradas pupilas vidriosas...

¿Quién dejó sobre el pecho cruzadas
10   esas manos tan finas y heladas
donde sangra entre nieve un rubí?

¿Quién cerró sus pupilas sin brillo?
—¡Con su traje de seda amarillo,
Dama Otoño pasó por aquí!

Baladas de cetrería, 1916.

VICENTE MEDINA

(Archena, Murcia, 1866 - Rosario de Santa Fe,
Argentina, 1937)

F u e poeta y periodista; vivió durante muchos años en
Argentina. Sus composiciones tienen un carácter social
y reivindicativo de su tierra y de las costumbres de la
huerta. La obra más característica en poesía es *Aires
murcianos* (1898), posteriormente ampliada (1929),
donde eleva el habla regional de la huerta a lenguaje
poético.

Otros libros: *Alma del pueblo* (1900), *La canción de la
vida* (1902), *La canción de la huerta* (1905), *Sin rumbo*
(1922). Tiene también algunas piezas de teatro, donde
sigue con las características del regionalismo lingüístico
y de la preocupación social.

Edición de *Aires murcianos*. Murcia, Academia
Alfonso X el Sabio, 1992.

CANSERA[1]

—¿Pa qué quiés que vaya? Pa ver cuatro espigas
arroyás y pegás a la tierra;
pa ver los sarmientos ruines y mustios
y esnúas las cepas,
5   sin un grano d'uva,
ni, tampoco, siquiá sombra de ella...
    pa ver el barranco,
    pa ver la laera
sin una matuja..., ¡pa ver que se embisten,
10   de pelás, las peñas!...
    Anda tú, si quieres,
    que a mí no me quea
    ni un soplo d'aliento,
    ni una onza de juerza,
15   ni ganas de verme,
ni de que me mienten, siquiá, la cosecha...
Anda tú, si quieres, que yo pué que nunca
    pise más la senda,
ni pué que la pase, si no es que entre cuatro
20   ya muerto me llevan...
    Anda tú, si quieres...
No he d'ir por mi gusto, si en crus me lo ruegas,
por esa sendica por ande se jueron,

---

[1] Vicente Medina trata de revalorizar el *panocho* murciano
como posibilidad de expresión literaria, tomando la realidad viva
e inmediata del habla de la huerta (Introducción a *Aires murcia-
nos*, 1929). Muchos de los usos que se observan pertenecen, en
realidad, al español vulgar o rústico, sobre todo en la fonética:
apócopes, reducciones de grupos consonánticos, cierre de voca-
les, síncopas, cambios consonánticos (z > s final, b > g, f > j ini-
ciales) con matices regionales. Hay que apreciar la derivación
con los sufijos *-era* y *-uzo* y los diminutivos afectivos en *-ico/a*,
-ujo/a. Especial valor dialectal tiene el léxico referido a los usos,
oficios, vestidos y vida social que emplea el poeta.

pa no golver nunca, tantas cosas güenas...
25   Esperanzas, quereres, suores...
       ¡to se jué por ella!...
Por esa sendica se marchó aquel hijo
    que murió en la guerra...
por esa sendica se jué la alegría...
30   ¡por esa sendica vinieron las penas!...
No te canses, que no me remuevo;
anda tú, si quieres, y éjame que duerma,
¡a ver si es pa siempre!... ¡si no me espertara!...
      ¡tengo una cansera!...

Aires murcianos, 1898.

JOSÉ Mª GABRIEL Y GALÁN

(Frades de la Sierra, Salamanca, 1870 - Guijo de
Granadilla, Cáceres, 1905)

M A E S T R O nacional e hijo de labradores, dedicado él
mismo al cuidado y administración de las tierras, ejerció
en pueblos de Ávila, Salamanca y Cáceres. Es el poeta
más representativo de una España rural, conservadora,
de hondas raíces costumbristas; tiene también influen-
cias de la literatura del Siglo de Oro. Su poesía tuvo
gran éxito sobre todo desde 1901, cuando gana la Flor
Natural de Salamanca con "El Ama", pero su natura-
lismo anecdótico y narrativo no ha sobrevivido dentro
de una época de gran renovación: *Extremeñas* y
Castellanas (1902), *Campesinas* (1904), *Nuevas
Castellanas* (1905) son los títulos más conocidos.

Obras Completas. Madrid, Aguilar, 1973. *Obras esco-
gidas*. Badajoz, Universitas Editorial, 1991.

EL AMA

[Fragmento]

I

Yo aprendí en el hogar en que se funda
la dicha más perfecta,
y para hacerla mía
quise yo ser como mi padre era
5   y busqué una mujer como mi madre
entre las hijas de mi hidalga tierra.
Y fui como mi padre, y fue mi esposa
viviente imagen de la madre muerta.
¡Un milagro de Dios, que ver me hizo
10   otra mujer como la santa aquella!

Compartían mis únicos amores
la amante compañera,
la patria idolatrada,
la casa solariega,
15   con la heredada historia,
con la heredada hacienda.
¡Qué buena era la esposa
y qué feraz mi tierra!
¡Qué alegre era mi casa
20   y qué sana mi hacienda,
y con qué solidez estaba unida
la tradición de la honradez a ellas!

Una sencilla labradora, humilde,
hija de oscura castellana aldea;
25   una mujer trabajadora, honrada,
cristiana, amable, cariñosa y seria,
trocó mi casa en adorable idilio
que no pudo soñar ningún poeta.
¡Oh, cómo se suaviza

30 el penoso trajín de las faenas
    cuando hay amor en casa
    y con él mucho pan se amasa en ella
    para los pobres que a su sombra viven,
    para los pobres que por ella bregan!
35 ¡Y cuánto lo agradecen, sin decirlo,
    y cuánto por la casa se interesan,
    y cómo ellos la cuidan,
    y cómo Dios la aumenta!

    Todo lo pudo la mujer cristiana,
40 logrólo todo la mujer discreta.

    La vida en la alquería
    giraba en torno de ella
    pacífica y amable,
    monótona y serena...

45 ¡Y cómo la alegría y el trabajo
    donde está la virtud se compenetran!
    Lavando en el regato cristalino
    cantaban las mozuelas,
    y cantaba en los valles el vaquero,
50 y cantaban los mozos en las tierras,
    y el aguador camino de la fuente,
    y el cabrerillo en la pelada cuesta...
    ¡Y yo también cantaba,
    que ella y el campo hiciéronme poeta!

                    * * *

55 La vida era solemne;
    puro y sereno el pensamiento era;
    sosegado el sentir, como las brisas;
    mudo y fuerte el amor, mansas las penas,
    austeros los placeres,
60 raigadas las creencias,
    sabroso el pan, reparador el sueño,
    fácil el bien y pura la conciencia.

¡Qué deseos el alma
tenía de ser buena,
65   y cómo se llenaba de ternura
cuando Dios le decía que lo era!

Castellanas, 1902.

EL EMBARGO[1]

Señol jues, pasi usté más alanti
  y que entrin tos ésos
No le dé a usté ansia,
  no le dé a usté mieo...
5 Si venís antiayel a afligila,
sos tumbo a la puerta. ¡Pero ya s'ha muerto!
Embargal, embargal los avíos
  que aquí no hay dinero:
lo he gastao en comías pa ella
10 y en boticas que no le sirvieron;
  y eso que me quea,
porque no me dio tiempo a vendello,
  ya me está sobrando,
  ya me está jediendo.
15 Embargal esi sacho de pico,
y esas jocis clavás en el techo,
  y esa segureja
  y ese cacho e liendro...
¡Jerramientas, que no quedi ni una!
20   ¿Ya pa qué las quiero?
Si tuviá que ganalo pa ella,
  ¡cualisquiá me quitaba a mí eso!

---

[1] No se concede ahora demasiado valor a la fidelidad lingüística de Gabriel y Galán al recoger las peculiaridades del dialecto leonés oriental (de la zona de Cáceres, Salamanca y Ávila donde vivió). El estudio de A. Zamora Vicente [1950] mostró el dominio del vulgarismo: "en su afán de reproducir lo más exactamente posible el habla conversacional del pueblo, el dialecto ha sido sacrificado a la rusticidad" (*Ensayos de dialectología hispánica*. Santiago de Compostela, Universidad, 1986). Este carácter corresponde, sin embargo, a las figuras populares que el poeta hace hablar en sus textos. En este poema merecen atención las siguientes voces dialectales: *ansia*: apuro, desazón; *jincar*: hincar, con sentido de matar; *pico*: pezón; *sacho*: azada (así, *sacho de pico* es azadón de pecho); *segureja*: hoz, hacha.

  Pero ya no quio vel esi sacho,
  ni esas jocis clavás en el techo,
25 ni esa segureja
   ni ese cacho e liendro...
  ¡Pero a vel, señol jues: cuidiaíto
   si alguno de ésos
  es osao de tocali a esa cama
30 ondi ella s'ha muerto:
  la camita ondi yo la he querío
  cuando dambos estábamos güenos;
  la camita ondi yo la he cuidiau,
  la camita ondi estuvo su cuerpo
35 cuatro mesis vivo
   y una noche muerto!
  Señol jues: que nenguno sea osao
  de tocali a esa cama ni un pelo,
   porque aquí lo jinco
40 delanti usté mesmo.
   Lleváisoslo todu,
   todu, menus eso,
   que esas mantas tienin
   suol de su cuerpo...
45 ¡y me güelin, me güelin a ella
  ca ves que las güelo!...

Extremeñas, 1901.

MIGUEL DE UNAMUNO

(Bilbao, 1864 - Salamanca, 1936)

P A S Ó su infancia en Bilbao y estudió en la Universidad de Madrid. Fue catedrático y rector de la Universidad de Salamanca y una de las figuras más complejas, importantes y reconocidas de la literatura española del siglo por sus ensayos, *En torno al casticismo* (1895), *Del sentimiento trágico de la vida en los hombres y en los pueblos* (1912), sus cuentos y novelas, como *Niebla* (1914), *Abel Sánchez* (1917) (Ed. de José L. Abellán. Madrid, Castalia, 1985), *La tía Tula* (1921), *San Manuel Bueno, mártir* (1933), y aun sus dramas, con *Freda* (1911) (Ed. de J. Paulino. Madrid, Castalia, 1988), *El Otro* (1926), etc. *Poesía* es su primer libro de versos, que publica en 1907. Hasta su muerte escribió incansablemente: *Rosario de sonetos líricos* (1911), *El Cristo de Velázquez* (1920), *Rimas de dentro* (1923), *Teresa* (1924), *De Fuerteventura a París* (1924), *Romancero del destierro* (1928), *Cancionero* (1953).

Obras Completas. Madrid, Escélicer 1966. (En curso de publicación, en Madrid, editorial Castro, 1995.) *Poesía Completa*. 3 vols. Ed. de Ana Suárez Miramón. Madrid, Alianza, 1987.

CREDO POÉTICO

Piensa el sentimiento, siente el pensamiento;
que tus cantos tengan nidos en la tierra,
y que cuando en vuelo a los cielos suban
  tras las nubes no se pierdan.

5   Peso necesitan, en las alas peso,
la columna de humo se disipa entera,
algo que no es música es la poesía,
  la pesada sólo queda.

Lo pensado es, no lo dudes, lo sentido.
10   ¿Sentimiento puro? Quien en ello crea,
de la fuente del sentir nunca ha llegado
  a la viva y honda vena.

No te cuides en exceso del ropaje,
de escultor, no de sastre es tu tarea,
15   no te olvides de que nunca más hermosa
  que desnuda está la idea.

No el que un alma encarna en carne, ten
  [presente,
no el que forma da a la idea es el poeta,
sino que es el que alma encuentra tras la carne,
20   tras la forma encuentra idea.

De las fórmulas la broza es lo que hace
que nos vele la verdad, torpe, la ciencia;
la desnudas con tus manos y tus ojos
  gozarán de su belleza.

25   Busca líneas de desnudo, que aunque trates
de envolvernos en lo vago de la niebla,
aun la niebla tiene líneas y se esculpe;
  ten, pues, ojo, no las pierdas.

Que tus cantos sean cantos esculpidos,
30   ancla en tierra mientras tanto que se elevan,
el lenguaje es ante todo pensamiento,
        y es pensada su belleza.

Sujetemos en verdades del espíritu
las entrañas de las formas pasajeras,
35   que la Idea reine en todo soberana;
        esculpamos, pues, la niebla.

Poesías, 1907.

CASTILLA

Tú me levantas, tierra de Castilla,
en la rugosa palma de tu mano,
al cielo que te enciende y te refresca,
al cielo, tu amo.

5   Tierra nervuda, enjuta, despejada,
madre de corazones y de brazos,
toma el presente en ti viejos colores
del noble antaño.

Con la pradera cóncava del cielo
10   lindan en torno tus desnudos campos,
tiene en ti cuna el sol y en ti sepulcro
y en ti santuario.

Es todo cima tu extensión redonda
y en ti me siento al cielo levantado,
15   aire de cumbre es el que se respira
aquí, en tus páramos.

¡Ara gigante, tierra castellana,
a ese tu aire soltaré mis cantos,
si te son dignos bajarán al mundo
20   desde lo alto!

Poesías, 1907.

A MI BUITRE [1]

Este buitre voraz de ceño torvo
que me devora las entrañas fiero
y es mi único constante compañero
labra mis penas con su pico corvo.

5   El día en que le toque el postrer sorbo
apurar de mi negra sangre, quiero
que me dejéis con él solo y señero
un momento, sin nadie como estorbo.

Pues quiero, triunfo haciendo mi agonía
10   mientras él mi último despojo traga,
sorprender en sus ojos la sombría

mirada al ver la suerte que le amaga
sin esta presa en que satisfacía
el hambre atroz que nunca se le apaga.

Salamanca, 26 de octubre, 1910.

Rosario de sonetos líricos, 1911.

---

[1] *A mi buitre.* Recrea en este poema el mito de Prometeo,
quien, atado a una roca, sufría el tormento de que sus entrañas
fueran devoradas por un buitre.

DULCE
SILENCIOSO PENSAMIENTO

> *Sweet silent thought.*
> (SHAKESPEARE: *Sonnet* XXX)

En el fondo las risas de mis hijos;
yo sentado al amor de la camilla;
Heródoto me ofrece rica cilla[2]
del eterno saber y entre acertijos

5   de la Pitia[3] venal, cuentos prolijos,
realce de la eterna maravilla
de nuestro sino. Frente a mí, en su silla,
ella cose y teniendo un rato fijos

mis ojos de sus ojos en la gloria
10   digiero los secretos de la historia,
y en la paz santa que mi casa cierra,

al tranquilo compás de un quieto aliento,
ara en mí, como un manso buey la tierra,
el dulce silencioso pensamiento.

Salamanca, 10 de diciembre, 1910.

Rosario de sonetos líricos, 1911.

[2] *Cilla.* Cámara donde se recogían los granos (DRAE).
[3] *Pitia.* Profetisa del oráculo de Apolo, en Delfos.

EL CRISTO DE VELÁZQUEZ

[Fragmento]

IV

> Mi amado es blanco...
> *Cantares,* V, 10.

> Questo occhio vede in quella bianchezza
> tucto Dio et tucto Homo, la natura divina
> unita con la natura umana.
> (Santa Caterina da Siena:
> *Libro della Divina Dottrina,* cap. CXI)

    ¿En qué piensas Tú, muerto, Cristo mío?
¿Por qué ese velo de cerrada noche
de tu abundosa cabellera negra
de nazareno cae sobre tu frente?
5   Miras dentro de Ti, donde está el reino
Lc. 17, 20-21 de Dios; dentro de Ti, donde alborea
el sol eterno de las almas vivas.
Blanco tu cuerpo está como el espejo
del padre de la luz, del sol vivífico;
10   blanco tu cuerpo al modo de la luna
que muerta ronda en torno de su madre
nuestra cansada vagabunda tierra;
blanco tu cuerpo está como la hostia
del cielo de la noche soberana,
15   de ese cielo tan negro como el velo
de tu abundosa cabellera negra
de nazareno.
        Que eres, Cristo, el único
Hombre que sucumbió de pleno grado,
20   triunfador de la muerte, que a la vida

por Ti quedó encumbrada. Desde entonces
por Ti nos vivifica esa tu muerte,
por Ti la muerte se ha hecho nuestra madre,
por Ti la muerte es el amparo dulce
25   que azucara amargores de la vida;
por Ti, el Hombre muerto que no muere,
blanco cual luna de la noche. Es sueño,
Cristo, la vida, y es la muerte vela.
Mientras la tierra sueña solitaria,
30   vela la blanca luna; vela el Hombre
desde su cruz, mientras los hombres sueñan,
vela el Hombre sin sangre, el Hombre blanco,
como la luna de la noche negra;
vela el Hombre que dio toda su sangre
35   porque las gentes sepan que son hombres.
Tú salvaste a la muerte. Abres tus brazos
a la noche, que es negra y muy hermosa,
Cant. 1,6   porque el sol de la vida la ha mirado
con sus ojos de fuego: que a la noche
40   morena la hizo el sol y tan hermosa.
Y es hermosa la luna solitaria,
la blanca luna en la estrellada noche
negra cual la abundosa cabellera
negra del nazareno. Blanca luna
45   como el cuerpo del Hombre en cruz, espejo
del sol de vida, del que nunca muere.
    Los rayos, Maestro, de tu suave lumbre
nos guían en la noche de este mundo,
ungiéndonos con la esperanza recia
50   de un día eterno. Noche cariñosa,
¡oh noche, madre de los blandos sueños,
madre de la esperanza, dulce Noche,
noche oscura del alma, eres nodriza
de la esperanza en Cristo salvador!

El Cristo de Velázquez, 1920.

EN UN CEMENTERIO
DE LUGAR CASTELLANO

Corral de muertos, entre pobres tapias
hechas también de barro,
pobre corral donde la hoz no siega;
sólo una cruz en el desierto campo
5   señala tu destino.
Junto a esas tapias buscan el amparo
del hostigo del cierzo las ovejas
al pasar trashumantes en rebaño,
y en ellas rompen de la vana historia,
10   como las olas, los rumores vanos.
            Como un islote en junio
            te ciñe el mar dorado
de las espigas que a la brisa ondean,
y canta sobre ti la alondra el canto
15   de la cosecha.
Cuando baja en la lluvia el cielo al campo
baja también sobre la santa yerba
            donde la hoz no corta,
de tu rincón, ¡pobre corral de muertos!,
20   y sienten en sus huesos el reclamo
            del riego de la vida.
Salvan tus cercas de mampuesto y barro
            las aladas semillas,
o te las llevan con piedad los pájaros,
25   y crecen escondidas amapolas,
clavelinas, magarzas, brezos, cardos,
            entre arrumbadas cruces
no más que de las aves libre pasto.
Cavan tan sólo en tu maleza brava,
30   corral sagrado,
para de un alma que sufrió en el mundo
            sembrar el grano;
            ¡luego sobre esa siembra
            barbecho largo!

35 Cerca de ti el camino de los vivos,
 no como tú con tapias, no cercado,
   por donde van y vienen,
   ya riendo o llorando,
 rompiendo con sus risas o sus lloros
40 el silencio inmortal de tu cercado.
 Depués que lento el sol tomó ya tierra,
   y sube al cielo el páramo
   a la hora del recuerdo,
 al toque de oraciones y descanso
45   la tosca cruz de piedra
   de tus tapias de barro
 queda como un guardián que nunca duerme
 de la campiña el sueño vigilando.
 No hay cruz sobre la iglesia de los vivos,
50 en torno de la cual duerme el poblado;
 la cruz, cual perro fiel, ampara el sueño
 de los muertos al cielo acorralados.
 ¡Y desde el cielo de la noche, Cristo,
   el Pastor Soberano,
55 con infinitos ojos centelleantes
 recuenta las ovejas del rebaño!
 ¡Pobre corral de muertos entre tapias,
   hechas del mismo barro,
 sólo una cruz distingue tu destino
60 en la desierta soledad del campo!

Salamanca, febrero, 1913.

Andanzas y visiones españolas, 1922.

32

Hasta que se me fue no he descubierto
   todo lo que la quise;
yo creía quererla; no sabía
   lo que es de amor morirse.

5   Era como algo mío entonces, era
   costumbre..., que se dice...
pero hoy soy yo, soy de la muerte
   a quien nadie resiste.

Al irse nació en mí... ¡no!, que en torturas
10   en ella nací al írseme;
lo que creí yo sueño era la vela;
   he nacido al morirme.

Por fin ya sé quién soy..., no lo sabía...
   ¿Lo sé? ¿Quién sabe en este mundo triste?
15   ¿Hay quién sepa lo que es saber y entienda
   lo que la nada dice?

Mi madre nació en mí en aquel día
que se me fue Teresa... Madre, dime
de dónde vine, a dónde voy perdido
20   por qué al amor me diste...

Teresa, 1924.

VIII

¡Oh, fuerteventurosa isla africana,
sufrida y descarnada cual camello,
en tu mar compasiva vi el destello
del sino de mi patria! Mar que sana

5   con su grave sonrisa más que humana
y cambia en suave gracia el atropello
con que un déspota vil ha puesto el sello
de la loca barbarie en que se ufana.

Roca sedienta al sol, Fuerteventura,
10   tesoro de salud y de nobleza,
Dios te guarde por siempre de la hartura,

pues del limpio caudal de tu pobreza
para su España celestial y pura
te ha de sacar mi espíritu riqueza.

11 mayo, 1924.

De Fuerteventura a París, 1925.

LXI

Vuelve hacia atrás la vista, caminante,
verás lo que te queda de camino;
desde el oriente de tu cuna el sino
ilumina tu marcha hacia adelante.

5 Es del pasado el porvernir semblante;
como se irá la vida así se vino;
cabe volver las riendas del destino
como se vuelve del revés un guante.

Lleva tu espalda reflejado el frente;
10 sube la niebla por el río arriba
y se resuelve encima de la fuente;

la lanzadera en su vaivén se aviva;
desnacerás un día de repente;
nunca sabrás dónde el misterio estriba.

23 junio.
De Fuerteventura a París, 1925.

VENDRÁ DE NOCHE

Vendrá de noche cuando todo duerma,
vendrá de noche cuando el alma enferma
    se emboce en vida,
vendrá de noche con su paso quedo,
5 vendrá de noche y posará su dedo
    sobre la herida.
Vendrá de noche y su fugaz vislumbre
volverá lumbre la fatal quejumbre;
    vendrá de noche
10 con su rosario, soltará las perlas
del negro sol que da ceguera verlas,
    ¡todo un derroche!
Vendrá de noche, noche nuestra madre,
cuando a lo lejos el recuerdo ladre
15   perdido agüero;
vendrá de noche; apagará su paso
    mortal ladrido y dejará al ocaso
largo agujero...
¿Vendrá una noche recogida y vasta?
20 ¿Vendrá una noche maternal y casta
    de luna llena?
Vendrá viniendo con venir eterno;
vendrá una noche del postrer invierno...
    noche serena...
25 Vendrá como se fue, como se ha ido
—suena a lo lejos el fatal ladrido—,
    vendrá a la cita;
será de noche mas que sea aurora,
vendrá a su hora, cuando el aire llora,
30   llora y medita...
Vendrá de noche, en una noche clara,
noche de luna que al dolor ampara,
    noche desnuda,
vendrá... venir es porvenir... pasado

35   que pasa y queda y que se queda al lado
            y nunca muda...
  Vendrá de noche, cuando el tiempo aguarda,
  cuando la tarde en las tinieblas tarda
            y espera al día,
40   vendrá de noche, en una noche pura,
  cuando del sol la sangre se depura,
            del mediodía.
  Noche ha de hacerse en cuanto venga y llegue,
  y el corazón rendido se le entregue,
45   noche serena,
  de noche ha de venir... ¿él, ella o ello?
  De noche ha de sellar su negro sello,
            noche sin pena.
  Vendrá la noche, la que da la vida,
50   y en que la noche al fin el alma olvida,
           traerá la cura;
  vendrá la noche que lo cubre todo
  y espeja al cielo en el luciente lodo
           que lo depura.
55   Vendrá de noche, sí, vendrá de noche,
  su negro sello servirá de broche
           que cierre al alma;
  vendrá de noche sin hacer ruido,
  se apagará a lo lejos el ladrido,
60   vendrá la calma...
           vendrá la noche...

En París, en la noche del sábado al domingo
de Pentecostés, 31 de mayo, 1925.

Romancero del destierro, 1927.

828

Me destierro a la memoria,
voy a vivir del recuerdo.
Buscadme, si me os pierdo,
en el yermo de la historia,

5   que es enfermedad la vida
y muero viviendo enfermo.
Me voy, pues, me voy al yermo
donde la muerte me olvida.

Y os llevo conmigo, hermanos
10   para poblar mi desierto.
Cuando me creáis más muerto
retemblaré en vuestras manos.

Aquí os dejo mi alma-libro,
hombre-mundo verdadero.
15   Cuando vibres todo entero,
soy yo, lector, que en ti vibro.

9-III-29.

Cancionero.

1.242

Calma, mece, briza[4], arrulla;
es el agua que masculla
        su canción;
la canción de cada día,
5   la de la eterna agonía,
        corazón.
Agua, la primera hermana,
que nos apaga la gana
        del ardor;
10   la que nos lava la culpa
y abreva y ceba la pulpa
        del dolor.

4-IX-29.
Cancionero.

[4] *Brizar*. Es término que gusta a Unamuno, como otros del
léxico dialectal que se emplea en Salamanca. Equivale a acunar.

1.472

Medina de Rioseco,
varadas tus cuatro naves
de páramo en que las aves
tejen nido, guardan eco
5   de los siglos de la tierra
seca y dura, castellana,
la del eterno mañana,
que en desapego se encierra.
Rubio mar, te ciñe el trigo,
10   y el polvo que fue tu gente
da a la que te es de presente
contra el hambre escaso abrigo.
Hunde Medina su cuño
sobre ti en redondo el cielo,
15   y hunden tus naves el vuelo
en mar seco, tu terruño.

26-VI-30.

Cancionero.

1.755

"Au fait, se disait-il à lui-même, il paraît
que mon destin est de mourir en rêvant."
STENDHAL, *Le Rouge et le Noir,* LXX.

Morir soñando, sí; mas si se sueña
morir, la muerte es sueño; una ventana
hacia el vacío; no soñar; nirvana;
del tiempo al fin la eternidad se adueña.
5   Vivir el día de hoy bajo la enseña
del ayer deshaciéndose en mañana;
vivir encadenado a la desgana,
¿es acaso vivir? ¿Y esto qué enseña?
¿Soñar la muerte no es matar el sueño?
10   ¿Vivir el sueño no es matar la vida?
¿A qué poner en ello tanto empeño,
aprender lo que al punto al fin se olvida,
escudriñando el implacable ceño
—cielo desierto— del eterno Dueño?

28, día de Inocentes, XII-36.

Cancionero.

ANTONIO MACHADO

(Sevilla, 1875 - Collioure, Francia, 1939)

INFANCIA en Sevilla y Madrid. Estudios en la Institución Libre de Enseñanza. Su obra poética se inicia con el personal modernismo de *Soledades* (1903); luego, *Soledades. Galerías. Otros poemas* (1907); se vuelve hacia la tradición, historia y paisaje castellano en *Campos de Castilla* (1912), obra del espíritu del noventa y ocho, y culmina en la poesía sapiencial y reflexiva de *Nuevas Canciones* (1924) y del *Cancionero de Abel Martín*. Son ejemplares sus prosas en *Juan de Mairena* (1936). Colaboró con su hermano Manuel en algunas obras dramáticas de relativo éxito, que hemos mencionado ya. Durante la guerra civil sigue fiel a la República, participando en publicaciones y revistas (como *Hora de España*). Sale por la frontera francesa en penosas condiciones y muere a los pocos días en el sur de Francia.

Obra Completa. 2 vols. Ed. de Oreste Macrí con Gaetano Chiappini. Madrid, Espasa-Calpe, 1988. *Nuevas canciones* y *De un cancionero apócrifo*. Ed. de José Mª Valverde. Madrid, Castalia, 1971. *Juan de Mairena*. Ed. de José Mª Valverde. Madrid, Castalia, 1971.

XI

Yo voy soñando caminos
de la tarde. ¡Las colinas
doradas, los verdes pinos,
las polvorientas encinas!...
5   ¿Adónde el camino irá?
Yo voy cantando, viajero
a lo largo del sendero...
—La tarde cayendo está—
"En el corazón tenía
10   "la espina de una pasión;
"logré arrancármela un día:
"ya no siento el corazón."

Y todo el campo un momento
se queda, mudo y sombrío,
15   meditando. Suena el viento
en los álamos del río.

La tarde más se obscurece;
y el camino que serpea
y débilmente blanquea,
20   se enturbia y desaparece.

Mi cantar vuelve a plañir:
"Aguda espina dorada,
"quién te pudiera sentir
"en el corazón clavada".

Soledades. Galerías.
Otros Poemas, 1907.

XXXV

Al borde del sendero un día nos sentamos.
Ya nuestra vida es tiempo, y nuestra sola cuita
son las desesperantes posturas que tomamos
para aguardar... Mas Ella no faltará a la cita.

Soledades. Galerías.
Otros poemas, 1907.

LIX

Anoche cuando dormía
soñé, ¡bendita ilusión!,
que una fontana fluía
dentro de mi corazón.
5   Di, ¿por qué acequia escondida,
agua, vienes hasta mí,
manantial de nueva vida
en donde nunca bebí?

Anoche cuando dormía
10   soñé, ¡bendita ilusión!,
que una colmena tenía
dentro de mi corazón;
y las doradas abejas
iban fabricando en él,
15   con las amarguras viejas,
blanca cera y dulce miel.

Anoche cuando dormía
soñé, ¡bendita ilusión!,
que un ardiente sol lucía
20   dentro de mi corazón.
Era ardiente porque daba
calores de rojo hogar,
y era sol porque alumbraba
y porque hacía llorar.

25   Anoche cuando dormía
soñé, ¡bendita ilusión!,
que era Dios lo que tenía
dentro de mi corazón.

Soledades. Galerías. Otros poemas.
Poesías completas, 1917.

LXIV

Desde el umbral de un sueño me llamaron...
Era la buena voz, la voz querida.
—Dime: ¿vendrás conmigo a ver el alma?...
Llegó a mi corazón una caricia.
5   —Contigo siempre... Y avancé en mi sueño
por una larga, escueta galería,
sintiendo el roce de la veste pura
y el palpitar suave de la mano amiga.

Soledades. Galerías.
Otros poemas, 1907.

RETRATO

Mi infancia son recuerdos de un patio de Sevilla,
y un huerto claro donde madura el limonero;
mi juventud, veinte años en tierra de Castilla;
mi historia, algunos casos que recordar no quiero.
5   Ni un seductor Mañara, ni un Bradomín he sido
—ya conocéis mi torpe aliño indumentario—,
mas recibí la fecha que me asignó Cupido,
y amé cuanto ellas pueden tener de hospitalario.
Hay en mis venas gotas de sangre jacobina,
10   pero mi verso brota de manantial sereno;
y, más que un hombre al uso que sabe su doctrina,
soy, en el buen sentido de la palabra, bueno.
Adoro la hermosura, y en la moderna estética
corté las viejas rosas del huerto de Ronsard;
15   mas no amo los afeites de la actual cosmética,
ni soy un ave de esas del nuevo gay-trinar.
Desdeño las romanzas de los tenores huecos
y el coro de los grillos que cantan a la luna.
A distinguir me paro las voces de los ecos,
20   y escucho solamente, entre las voces, una.
¿Soy clásico o romántico? No sé. Dejar quisiera
mi verso, como deja el capitán su espada:
famosa por la mano viril que la blandiera,
no por el docto oficio del forjador preciada.
25   Converso con el hombre que siempre va conmigo
—quien habla solo espera hablar a Dios un día—;
mi soliloquio es plática con este buen amigo
que me enseñó el secreto de la filantropía.
Y al cabo, nada os debo; debéisme cuanto he
                                                      [escrito.
30 A mi trabajo acudo, con mi dinero pago
el traje que me cubre y la mansión que habito,
el pan que me alimenta y el lecho en donde yago.

Y cuando llegue el día del último viaje,
y esté al partir la nave que nunca ha de tornar,
35 me encontraréis a bordo ligero de equipaje,
casi desnudo, como los hijos de la mar.

Campos de Castilla, 1912 y 1917.

POR TIERRAS DE ESPAÑA

El hombre de estos campos que incendia los
[pinares
y su depojo aguarda como botín de guerra,
antaño hubo raído los negros encinares,
talado los robustos robledos de la sierra.

5   Hoy ve sus pobres hijos huyendo de sus lares;
la tempestad llevarse los limos de la tierra
por los sagrados ríos hacia los anchos mares;
y en páramos malditos trabaja, sufre y yerra.

Es hijo de una estirpe de rudos caminantes,
10   pastores que conducen sus hordas de merinos
a Extremadura fértil, rebaños trashumantes
que mancha el polvo y dora el sol de los caminos.

Pequeño, ágil, sufrido, los ojos de hombre
[astuto,
hundidos, recelosos, movibles; y trazadas
15   cual arco de ballesta, en el semblante enjuto
de pómulos salientes, las cejas muy pobladas.

Abunda el hombre malo del campo y de la
[aldea,
capaz de insanos vicios y crímenes bestiales,
que bajo el pardo sayo esconde un alma fea,
20   esclava de los siete pecados capitales.

Los ojos siempre turbios de envidia o de tristeza,
guarda su presa y llora la que el vecino alcanza;
ni para su infortunio ni goza su riqueza;
le hieren y acongojan fortuna y malandanza.

25   El numen de estos campos es sanguinario y
[fiero;

al declinar la tarde, sobre el remoto alcor,
veréis agigantarse la forma de un arquero,
la forma de un inmenso centauro flechador.

Veréis llanuras bélicas y páramos de asceta
30 —no fue por estos campos el bíblico jardín—;
son tierras para el águila, un trozo de planeta
por donde cruza errante la sombra de Caín.

CAMPOS DE SORIA

VI

¡Soria fría, *Soria pura,*
cabeza de Extremadura,
con su castillo guerrero
arruinado, sobre el Duero;
5   con sus murallas roídas
y sus casas denegridas!
   ¡Muerta ciudad de señores
soldados o cazadores;
de portales con escudos
10   de cien linajes hidalgos,
y de famélicos galgos,
de galgos flacos y agudos,
que pululan
por las sórdidas callejas,
15   y a la media noche ululan,
cuando graznan las cornejas!
   ¡Soria fría! La campana
de la Audiencia da la una.
Soria, ciudad castellana
20   ¡tan bella! bajo la luna.

VII

¡Colinas plateadas,
grises alcores, cárdenas roquedas
por donde traza el Duero
su curva de ballesta
5   en torno a Soria, obscuros encinares,
ariscos pedregales, calvas sierras,
caminos blancos y álamos del río,
tardes de Soria, mística y guerrera,

hoy siento por vosotros, en el fondo
10   del corazón, tristeza,
tristeza que es amor! ¡Campos de Soria
donde parece que las rocas sueñan,
conmigo vais! ¡Colinas plateadas,
grises alcores, cárdenas roquedas!...

VIII

He vuelto a ver los álamos dorados,
álamos de camino en la ribera
del Duero, entre San Polo y San Saturio,
tras las murallas viejas
5   de Soria —barbacana
hacia Aragón, en castellana tierra.
Estos chopos del río, que acompañan
con el sonido de sus hojas secas
el son del agua, cuando el viento sopla,
10   tienen en sus cortezas
grabadas iniciales que son nombres
de enamorados, cifras que son fechas.
¡Álamos del amor que ayer tuvisteis
de ruiseñores vuestras ramas llenas;
15   álamos que seréis mañana liras
del viento perfumado en primavera;
álamos del amor cerca del agua
que corre y pasa y sueña,
álamos de las márgenes del Duero,
20   conmigo vais, mi corazón os lleva!

IX

¡Oh!, sí, conmigo vais, campos de Soria,
tardes tranquilas, montes de violeta,
alamedas del río, verde sueño
del suelo gris y de la parda tierra,

5   agria melancolía
       de la ciudad decrépita,
       me habéis llegado al alma,
       ¿o acaso estabais en el fondo de ella?
       ¡Gentes del alto llano numantino
10   que a Dios guardáis como cristianas viejas,
       que el sol de España os llene
       de alegría, de luz y de riqueza!

Campos de Castilla, 1912 y 1917.

A UN OLMO SECO

Al olmo viejo, hendido por el rayo
y en su mitad podrido,
con las lluvias de abril y el sol de mayo,
algunas hojas verdes le han salido.
5   ¡El olmo centenario en la colina
que lame el Duero! Un musgo amarillento
le mancha la corteza blanquecina
al tronco carcomido y polvoriento.
        No será, cual los álamos cantores
10   que guardan el camino y la ribera,
habitado de pardos ruiseñores.
        Ejército de hormigas en hilera
va trepando por él, y en sus entrañas
urden sus telas grises las arañas.
15   Antes que te derribe, olmo del Duero,
con su hacha el leñador, y el carpintero
te convierta en melena de campana,
lanza de carro o yugo de carreta;
antes que rojo en el hogar, mañana,
20   ardas de alguna mísera caseta,
al borde de un camino;
antes que te descuaje un torbellino
y tronche el soplo de las sierras blancas;
antes que el río hasta la mar te empuje
25   por valles y barrancas,
olmo, quiero anotar en mi cartera
la gracia de tu rama verdecida.
Mi corazón espera
también, hacia la luz y hacia la vida,
30   otro milagro de la primavera.

Soria, 1912.

Campos de Castilla, 1917.

A JOSÉ MARÍA PALACIO

Palacio, buen amigo,
¿está la primavera
vistiendo ya las ramas de los chopos
del río y los caminos? En la estepa
5   del alto Duero, Primavera tarda,
¡pero es tan bella y dulce cuando llega!...
¿Tienen los viejos olmos
algunas hojas nuevas?
Aún las acacias estarán desnudas
10   y nevados los montes de las sierras.
¡Oh, mole del Moncayo blanca y rosa,
allá, en el cielo de Aragón, tan bella!
¿Hay zarzas florecidas
entre las grises peñas,
15   y blancas margaritas
entre la fina hierba?
Por esos campanarios
ya habrán ido llegando las cigüeñas.
Habrá trigales verdes,
20   y mulas pardas en las sementeras,
y labriegos que siembran los tardíos
con las lluvias de abril. Ya las abejas
libarán del tomillo y el romero.
¿Hay ciruelos en flor? ¿Quedan violetas?
25   Furtivos cazadores, los reclamos
de la perdiz bajo las capas luengas,
no faltarán. Palacio, buen amigo
¿tienen ya ruiseñores las riberas?
Con los primeros lirios
30   y las primeras rosas de las huertas,
en una tarde azul, sube al Espino,
al alto Espino donde está su tierra...

Baeza, 29 de abril 1913.

Campos de Castilla, 1917.

CANCIONES

III

La primavera ha venido.
Nadie sabe cómo ha sido.

IV

La primavera ha venido.
¡Aleluyas blancas
de los zarzales floridos!

Nuevas canciones, 1924.

CLXI

(PROVERBIOS Y CANTARES)

A José Ortega y Gasset.[1]

I

El ojo que ves no es
ojo porque tú lo veas;
es ojo porque te ve.

II

Para dialogar,
preguntad, primero;
después... escuchad.

V

Entre el vivir y el soñar
hay una tercera cosa.
Adivínala.

VIII

Hoy es siempre todavía.

[1] *J. Ortega y Gasset.* (1883-1955) Catedrático de metafísica en la Universidad Central de Madrid, fue la figura más importante de su generación, definidor de la vida intelectual y del pensamiento político, creador de una escuela de filosofía española. Ensayista eminente, su estilo aparece como una muestra del empleo artístico de la lengua para la expresión de las ideas.

XV

Busca a tu complementario,
que marcha siempre contigo,
y suele ser tu contrario.

XVII

En mi soledad
he visto cosas muy claras,
que no son verdad.

XLVI

Se miente más de la cuenta
por falta de fantasía:
también la verdad se inventa.

Nuevas canciones, 1924.

CANCIONES A GUIOMAR[2]

I

No sabía
si era un limón amarillo
lo que tu mano tenía,
o el hilo de un claro día,
5   Guiomar, en dorado ovillo.
Tu boca me sonreía.

Yo pregunté: ¿Qué me ofreces?
¿Tiempo en fruto, que tu mano
eligió entre madureces
10   de tu huerta?
¿Tiempo vano
de una bella tarde yerta?
¿Dorada ausencia encantada?
¿Copia en el agua dormida?
15   ¿De monte en monte encendida,
la alborada
verdadera?
¿Rompe en sus turbios espejos
amor la devanadera
20   de sus crepúsculos viejos?

II

En un jardín te he soñado,
alto, Guiomar, sobre el río,
jardín de un tiempo cerrado
con verjas de hierro frío.

[2] *Guiomar*. Es el nombre poético que Antonio Machado dio a la escritora Pilar Valderrama (1891-1979) a la que conoció en 1928.

25   Un ave insólita canta
        en el almez, dulcemente,
        junto al agua viva y santa,
        toda sed y toda fuente.

        En ese jardín, Guiomar,
30   el mutuo jardín que inventan
        dos corazones al par,
        se funden y complementan
        nuestras horas. Los racimos
        de un sueño —juntos estamos—
35   en limpia copa exprimimos,
        y el doble cuento olvidamos,

        (Uno: Mujer y varón,
        aunque gacela y león,
        llegan juntos a beber
40   El otro: No puede ser
        amor de tanta fortuna:
        dos soledades en una,
        ni aun de varón y mujer.)

                        * * *

        Por ti la mar ensaya olas y espumas,
45   y el iris, sobre el monte, otros colores,
        y el faisán de la aurora canto y plumas,
        y el búho de Minerva ojos mayores.
        Por ti, ¡oh, Guiomar!...

                De un Cancionero apócrifo, 1924-1936.

[V]

De mar a mar entre los dos la guerra,
más honda que la mar. En mi parterre,
miro a la mar que el horizonte cierra.
Tú asomada, Guiomar, a un finisterre,

5   miras hacia otro mar, la mar de España
que Camoens cantara, tenebrosa.
Acaso a ti mi ausencia te acompaña,
a mí me duele tu recuerdo, diosa.

La guerra dio al amor el tajo fuerte.
10   Y es la total angustia de la muerte,
con la sombra infecunda de la llama

y la soñada miel de amor tardío,
y la flor imposible de la rama
que ha sentido del hacha el corte frío.

Poesías de la guerra, 1936-1939.

[VII]

Trazó una odiosa mano, España mía,
—ancha lira, hacia el mar, entre dos mares—
zonas de guerra, crestas militares,
en llano, loma, alcor, y serranía.

5   Manes del odio y de la cobardía
cortan la leña de tus encinares,
pisan la baya de oro en tus lagares,
muelen el grano que tu suelo cría.

—Otra vez —¡otra vez¡— ¡oh triste España!,
10   cuanto se anega en viento y mar se baña
juguete de traición, cuanto se encierra

en los templos de Dios mancha el olvido,
cuanto acrisola el seno de la tierra
se ofrece a la ambición, ¡todo vendido!

Poesías de la guerra, 1936-1939.

EL CRIMEN FUE EN GRANADA[3]

A Federico García Lorca.

I

EL CRIMEN

Se le vio, caminando entre fusiles,
por una calle larga,
salir al campo frío,
aún con estrellas, de la madrugada.
5 Mataron a Federico
cuando la luz asomaba.
El pelotón de verdugos
no osó mirarle la cara.
Todos cerraron los ojos;
10 rezaron: ¡ni Dios te salva!
Muerto cayó Federico
—sangre en la frente y plomo en las entrañas—
...Que fue en Granada el crimen
sabed —¡pobre Granada!—, en su Granada...

II

EL POETA Y LA MUERTE

15 Se le vio caminar solo con Ella,
sin miedo a su guadaña.
—Ya el sol en torre y torre; los martillos
en yunque —yunque y yunque de las fraguas.

---

[3] Federico García Lorca (véase esta *Antología*) fue asesinado
en Víznar, Granada, en la madrugada del día 19 de agosto de
1936. Pocos días antes de comenzar la guerra, Lorca había salido
de Madrid, preocupado por el clima de violencia. Este poema es
uno de los muchos (Alberti, Miguel Hernández, etc.) que se
escribieron a propósito de este terrible hecho.

Hablaba Federico,
20 requebrando a la muerte. Ella escuchaba.
"Porque ayer en mi verso, compañera,
sonaba el golpe de tus secas palmas,
y diste el hielo a mi cantar, y el filo
a mi tragedia de tu hoz de plata,
25 te cantaré la carne que no tienes,
los ojos que te faltan,
tus cabellos que el viento sacudía,
los rojos labios donde te besaban...
Hoy como ayer, gitana, muerte mía,
30 qué bien contigo a solas,
por estos aires de Granada, ¡mi Granada!"

III

Se le vio caminar...
                    Labrad, amigos,
de piedra y sueño, en el Alhambra,
un túmulo al poeta,
35 sobre una fuente donde llore el agua,
y eternamente diga:
el crimen fue en Granada, ¡en su Granada!

Poesías de la guerra, 1936-1939.

ENRIQUE DÍEZ-CANEDO

(Badajoz, 1879 - Cuernavaca, México, 1944)

FUE, sobre todo, una figura intelectual relevante por su conocimiento de la literatura española e hispanoamericana, como crítico y también como traductor. Colaboró en las más importantes revistas y periódicos de España y América en los años veinte y treinta y destacó de modo particular en la crítica teatral, apoyando las corrientes y autores renovadores. Sus artículos y otros trabajos están recogidos en la serie de volúmenes *Obras de Enrique Díez-Canedo*, publicados por la editorial Joaquín Mortiz de México. Como poeta está en la fase del posmodernismo: *Versos de las Horas* (1906), *La visita del sol* (1907), *La sombra del ensueño* (1910), *Imágenes* (1910). Exiliado en México, después de 1939 escribió *El desterrado*.

   Antología poética. Ed. de José María Fernández Gutiérrez. Salamanca, Almar, 1979.

CREPÚSCULO DE INVIERNO

La muerte lenta de la tarde fría
llena la estancia de melancolía.

Los leños encendidos de reflejos
salpican muebles y tapices viejos.

5   Un reloj soñoliento da la hora:
las cinco; y cada campanada llora.

Junto al hogar, un galgo; no se mueve;
sus costillas se acusan en relieve.

Alza de pronto la cabeza fina:
10   se ha movido el carmín de una cortina.

Da paso la cortina blasonada
a un hidalgo de ascética mirada.

Se asienta en un sillón de tonos rojos.
El perro fija en él sus vítreos ojos.

15   ¿Qué viejas cosas recordarle quiere?...
Se carboniza un leño. El día muere.

La visita del sol, 1907.

EL DESTERRADO

Todo lo llevas contigo,
tú, que nada tienes.
Lo que no te han de quitar
los reveses
5   porque es tuyo y sólo tuyo,
porque es íntimo y perenne,
y es raíz, es tallo, es hoja,
flor y fruto, aroma y jugo,
todo a la vez, para siempre.
10   No es recuerdo que subsiste
ni anhelo que permanece;
no es imagen que perdura,
ni ficción, ni sombra. En este
sentir tuyo y sólo tuyo,
15   nada se pierde:
lo pasado y lo abolido,
se halla, vivo y presente,
se hace materia en tu cuerpo,
carne en tu carne se vuelve,
20   carne de la carne tuya,
ser del ser que eres,
uno y todos entre tantos
que fueron, y son, y vienen,
hecho de patria y de ausencia,
25   tiempo eterno y hora breve,
de nativa desnudez
y adquiridos bienes.
De aquellos imperturbables
amaneceres
30   en que la luz de tu estancia
se adueñaba tenue
pintando vidrios y cuadros,
libros y muebles;
de aquellos días de afanes
35   o placeres,

de vacilación o estudio,
de tenso querer, de inerte
voluntad; de cuantos hilos
tu vida tejen,
40 no hay una urdimbre quebrada
ni un matiz más débil...
Nadie podrá desterrarte
de estos continentes
que son carne y tierra tuya:
45 don sin trueque,
conquista sin despojo,
prenda de vida sin muerte.
Nadie podrá desterrarte;
tierra fuiste, tierra fértil,
50 y serás tierra, y más tierra
cuando te entierren.
No desterrado, enterrado
serás tierra, polvo y germen.

El desterrado, 1940.

TOMÁS MORALES

(Moya, Gran Canaria, 1885 - Las Palmas, 1921)

P O E T A cantor del mar, recibe influencia de Salvador Rueda y Rubén Darío. Su modernismo es grandioso y sentimental. Recoge toda su obra en *Las rosas de Hércules* (1919 y 1922).

Edición facsimilar de *Las rosas de Hércules*, Las Palmas, Gobierno de Canarias, 1984.

I

Tarde de oro en Otoño, cuando aún las nieblas
                                        [densas
no han vertido en el viento su vaho taciturno,
y en que el sol escarlata da púrpura al poniente,
donde el viejo Verano quema sus fuegos últimos.

5   Una campana tañe sobre la paz del llano
y a nuestro lado pasan en un tropel confuso,
aunados al geórgico llorar de las esquilas,
los eternos rebaños de los ángeles puros.

Otoño, ensueños grises, hojas amarillentas,
10   árboles que nos muestran sus ramajes desnudos...
Sólo los viejos álamos elevan pensativos
sus cúpulas de plata sobre el azul profundo...

Yo quisiera que mi alma fuera como esta tarde,
y mi pensar se hiciera tan impalpable y mudo
15   como el humo azulado de algún hogar lejano
que se cierne en la calma solemne del crepúsculo...

Poemas de gloria,
del amor y del mar, 1908.

MAURICIO BACARISSE

(Madrid, 1895 - 1931)

FUE profesor de filosofía, traductor y poeta en evolución desde el posmodernismo hasta la vanguardia. Amigo de los poetas de la generación del 27. En 1930 ganó el Premio Nacional de Literatura por su novela *Los terribles amores de Agliberto y Celedonia*, de carácter vanguardista. *El esfuerzo* (1917), *El paraíso desdeñado* (1928) y *Mitos* (1930) son sus obras poéticas.

Poesía completa. Ed. de Roberto Pérez. Barcelona, Anthropos, 1989.

VI

La luna es sólo la luna,
y no se parece a nada.

No vale buscarle imágenes,
ni tropos ni semejanzas.

5   Yo acaricié aquella noche
las breves manos doradas,

las que ni desear pude,
las manos nunca soñadas.

En el río de arco-iris
10   coreaban mil cascadas.

No eran laderas fluidas
de cordilleras de agua;

no eran tampoco caderas
de las náyades más cándidas.

15   No eran de piedra ni carne
sino de cosa más clara,

que sigue siendo lo que es
aunque sea destrozada.

Eran un poco de música
20   única e inesperada.

Sus manos eran sus manos,
en las mías anidadas.

La luna era incomparable,
redonda, contenta y alta.

25   ¡Quién me volviera esa noche,
aunque muriera mañana!

La luna es sólo la luna,
y no se parece a nada.

El paraíso desdeñado, 1928.

RAMÓN PÉREZ DE AYALA

(Oviedo, 1880 - Madrid, 1962)

E s conocido principalmente como crítico teatral, novelista y ensayista. Sus artículos de teatro se recogen en los tomos de *Las máscaras*. Dentro del grupo de escritores de 1914 o novecentista, se vincula con Ortega y Gasset y Marañón como inspirador intelectual de la II República. Fuera de España desde antes de la guerra civil, sólo regresó en 1954. Sus novelas son muy importantes: *Tinieblas en las cumbres* (1907) (Edición de A. Amorós en Clásicos Castalia, Madrid, 1971), *A. M.D.G.* (1910), *La pata de la raposa* (1912), *Troteras y danzaderas* (1913), (Ed. de A. Amorós. Madrid, Castalia, 1972), *Belarmino y Apolonio* (1921), *Tigre Juan y El curandero de su honra* (1926) (Ed. de A. Amorós en Clásicos Castalia. Madrid, 1980). Su primera obra poética es *La paz del sendero* (1904) que continúa con *El sendero innumerable* (1916), *El sendero andante* (1921) y *El sendero ardiente* (póstuma).

Obras Completas. 4 vols. Pról. de Joaquín García Mercadal. Madrid, Aguilar, 1963 (reed.) ("Obra Poética" en vol. 2).

BALANZA INQUIETA

Esencia del vivir es la esperanza.
Solo vive lo vivo en tanto espera
seguir vivo y ser más de lo que era.
Entre desconfianza y confianza,

5   si hay tormenta, confía en la bonanza;
si hay bonanza, el recelo le asevera
de otra tormenta presto advenidera.
En ese fiel oscila la balanza.

¿Qué es lo que está esperando el ser viviente
10   en tormentosa vida a cada instante,
si no es el más allá del horizonte

que prosiga en futuro lo presente?
La vida desde atrás mira adelante.
En su angustioso tránsito es bifronte.

La paz del sendero, 1904.

FORMAS DE AMAR

Canta arrogante el gallo, muge el toro,
trina el pájaro, arrulla la paloma,
si en sus entrañas el amor asoma.
Nunca es mudo el amor, siempre es sonoro.

5   Todos los seres vivos le hacen coro.
Fiero hace al manso y al silvestre doma.
De aquí o de allá verás un daca y toma
entre el amor, universal tesoro.

En unos, el amor es arrogante;
10   en otros es una ternura suave
que no hace fuerza y que sumiso implora.

¿A cuál es el del hombre semejante:
al del gallo y el toro, o al del ave,
que no entiendes si canta o es que llora?

La paz del sendero, 1904.

JUAN RAMÓN JIMÉNEZ

(Moguer, Huelva, 1881 - Puerto Rico, 1958)

PRECOZ en la poesía (sus primeros libros son de 1900), es tal vez el poeta lírico más esencial de la primera mitad del siglo, con una evolución que se aprecia desde el modernismo, con influencias becquerianas y del simbolismo francés, *Arias tristes* (1903) y *Jardines lejanos* (1904), hacia una "poesía pura", de música interior, que prescinde de rima y metro y de la que es ejemplo *Diario de un poeta recién casado* (1917), escrito con motivo de su boda con Zenobia Camprubí. Modelo y maestro para la lírica de las generaciones siguientes, tuvo gran influencia literaria y personal. Voluntariamente alejado de España por la guerra civil (desde 1936), reside en Estados Unidos y Puerto Rico, y viaja por diversos países de América. En ese momento se orienta en un sentido de busca absoluta de la Belleza y de la unidad de la Obra total. Recibió el Premio Nobel de 1956. Es también memorable su obra en prosa, con *Platero y yo* (1917) como ejemplo señero, que incluye también retratos líricos, crítica, cursos, etc.

 Libros de poesía. Recopilación Agustín Caballero. Madrid, Aguilar, 1967 (3ª). *Libros inéditos de poesía*. 2 vols. Selecc. y pról. Francisco Garfias. Madrid, Aguilar, 1964-1967. La Edición del Centenario (Madrid, Taurus, 1981) comprende 20 vols. con prólogo y notas. *Segunda Antología poética. (1898-1918)*. Pról. Leopoldo de Luis. Madrid, Espasa Calpe, 1987 (5ª). *Selección de poemas*. Ed. de Gilbert Azam. Madrid, Castalia, 1987.

5

Yo no volveré. Y la noche
tibia, serena y callada,
dormirá el mundo, a los rayos
de su luna solitaria.

5   Mi cuerpo no estará allí,
y por la abierta ventana
entrará una brisa fresca
preguntando por mi alma.

No sé si habrá quien me aguarde
10   de mi doble ausencia larga,
o quien bese mi recuerdo
entre caricias y lágrimas.

Pero habrá estrellas y flores
y suspiros y esperanzas,
15   y amor en las avenidas,
a la sombra de las ramas.

Y sonará ese piano
como, en esta noche plácida,
y no tendrá quien lo escuche,
20   pensativo, en mi ventana.

Arias tristes, 1902.

Manuel y Antonio Machado con el actor Ricardo Calvo.

Dibujo de Goñi.

Jorge Guillén, Juan Ramón Jiménez y Pedro Salinas.

8

...Par délicatesse
J'ai perdu ma vie.
A. RIMBAUD

Viento negro, luna blanca.
Noche de Todos los Santos.
Frío. Las campanas todas
de la tierra están doblando.
5   El cielo, duro. Y su fondo
da un azul iluminado
de abajo, al romanticismo
de los secos campanarios.
    Faroles, flores, coronas
10   —¡campanas que están doblando!—
...Viento largo, luna grande,
noche de Todos los Santos.
    ...Yo voy muerto, por la luz
agria de las calles; llamo
15   con todo el cuerpo a la vida;
quiero que me quieran; hablo
a todos los que me han hecho
mudo, y hablo sollozando,
roja de amor esta sangre
20   desdeñosa de mis labios.
    ¡Y quiero ser otro, y quiero
tener corazón, y brazos
infinitos, y sonrisas
inmensas, para los llantos
25   aquellos que dieron lágrimas
por mi culpa!
           ...Pero ¿acaso
puede hablar de sus rosales
un corazón sepulcrado?

—¡Corazón, estás bien muerto!
30   ¡Mañana es tu aniversario!—
Sentimentalismo, frío.
La ciudad está doblando.
Luna blanca, viento negro.
Noche de Todos los Santos.

Jardines lejanos, 1904.

LA TRISTEZA DEL CAMPO

VI

...Anda el agua de alborada...
Romance popular

La luna doraba el río
—¡fresco de la madrugada!—
Por el mar venían olas
teñidas de luz de alba.

5   El campo débil y triste
se iba alumbrando. Quedaba
el canto roto de un grillo,
la queja oscura de un agua.

Huía el viento a su gruta,
10   el horror a su cabaña;
en el verde de los pinos
se iban abriendo las alas.

Las estrellas se morían,
se rosaba la montaña;
15   allá en el pozo del huerto,
la golondrina cantaba.

Pastorales, 1905.

LA ESTRELLA DEL PASTOR

XI

    ¡Cállate, por Dios, que tú
no vas a saber decírmelo!
¡Deja que abran todos mis
sueños y todos mis lirios!

5   Mi corazón oye bien
la letra de tu cariño...
El agua lo va temblando,
entre las flores del río;

    lo va soñando la niebla,
10   lo están cantando los pinos
—y la luna rosa— y el
corazón de tu molino...

    ¡No apagues, por Dios, la llama
que arde dentro de mí mismo!
15   ¡Cállate, por Dios, que tú
no vas a saber decírmelo!

Pastorales, 1905.

MAÑANA DE LA CRUZ

Dios está azul. La flauta y el tambor
anuncian ya la cruz de primavera.
¡Vivan las rosas, las rosas del amor,
entre el verdor con sol de la pradera!

5   *Vámonos al campo por romero,*
vámonos, vámonos
por romero y por amor...

Le pregunté: "¿Me dejas que te quiera?"
Me respondió, radiante de pasión:
10   "Cuando florezca la cruz de primavera,
yo te querré con todo el corazón".

Vámonos al campo por romero,
vámonos, vámonos
por romero y por amor...

15   "Ya floreció la cruz de primavera.
¡Amor, la cruz, amor, ya floreció!"
Me respondió: "¿Tú quieres que te quiera?"
¡Y la mañana de luz me traspasó!

Vámonos al campo por romero,
20   *vámonos, vámonos*
por romero y amor...

Alegran flauta y tambor nuestra bandera.
La mariposa está aquí con la ilusión...
¡Mi novia es la virjen[1] de la era
25   y va a quererme con todo el corazón!

Baladas de primavera, 1907.

[1] Aparece aquí la peculiar ortografía de Juan Ramón, que
comienza en el libro *Eternidades* (1918). Véanse también los
poemas "Canción eterna", "Intelijencia, dame/el nombre
exacto de las cosas..." Simplifica las grafías con un solo signo
para los sonidos idénticos: g/j > j. Y escribe *s* en vez de *x* ante
consonante para adecuar también en ese caso la grafía a la
fonética. Véase poema "Qué cerca ya del alma"...

CANCIÓN NOCTURNA

¡Allá va el olor
de la rosa!
¡Cójelo en tu sinrazón!

¡Allá va la luz
5   de la luna!
¡Cójela en tu plenitud!

¡Allá va el cantar
del arroyo!
¡Cójelo en tu libertad!

Baladas de primavera, 1907.

... Rit de la fraîcheur de l'eau.
V. HUGO

Con lilas llenas de agua,
le golpeé las espaldas.

Y toda su carne blanca
se enjoyó de gotas claras.

5   ¡Ay, fuga mojada y cándida,
sobre la arena perlada!

—La carne moría, pálida,
entre los rosales granas;
como manzanas de plata,
10   amanecida de escarcha—.

Corría huyendo del agua,
entre los rosales granas.

Y se reía, fantástica.
La risa se le mojaba.

15   Con lilas llenas de agua,
corriendo, la golpeaba...

Poemas mágicos y dolientes, 1909.

OCTUBRE

Estaba echado yo en la tierra, enfrente
del infinito campo de Castilla,
que el otoño envolvía en amarilla
dulzura de su claro sol poniente.

5   Lento, el arado, paralelamente
abría el haza oscura, y la sencilla
mano abierta dejaba la semilla
en su entraña partida honradamente.

Pensé arrancarme el corazón, y echarlo,
10   pleno de su sentir alto y profundo,
al ancho surco del terruño tierno;

a ver si con romperlo y con sembrarlo,
la primavera le mostraba al mundo
el árbol puro del amor eterno.

Sonetos espirituales, 1915.

(Madrid, 17 de enero de 1916.)

I

¡Qué cerca ya del alma
lo que está tan inmensamente lejos
de las manos aún!
   Como una luz de estrella,
5 como una voz sin nombre
traída por el sueño, como el paso
de algún corcel remoto
que oímos, anhelantes,
el oído en la tierra;
10 como el mar en teléfono...

  Y se hace la vida
por dentro, con la luz inestinguible
de un día deleitoso
que brilla en otra parte.

15 ¡Oh, qué dulce, qué dulce
verdad sin realidad aún, qué dulce!

Diario de un poeta recién casado, 1916.

XLI

MAR

(5 de febrero.)

Parece, mar, que luchas
—¡oh desorden sin fin, hierro incesante!—
por encontrarte o porque yo te encuentre.

¡Qué inmenso demostrarte, mar,
5   en tu desnudez sola
—sin compañera... o sin compañero,
según te diga el mar o la mar—, creando
el espectáculo completo
de nuestro mundo de hoy!

10   Estás como en un parto,
dándote a luz —¡con qué fatiga!—
a ti mismo, ¡mar único!,
a ti mismo, a ti solo y en tu misma
y sola plenitud de plenitudes,
15   ... —¡por encontrarte o porque yo te encuentre!

Diario de un poeta recién casado, 1916.

CLXXXIII

NOCTURNO

(17 de junio.)

Por doquiera que mi alma
navega, o anda, o vuela, todo, todo
es suyo. ¡Qué tranquila
en todas partes, siempre;
5   ahora en la proa alta
que abre en dos platas el azul profundo,
bajando al fondo o ascendiendo al cielo!

¡Oh, qué serena el alma
cuando se ha apoderado,
10   como una reina solitaria y pura,
de su imperio infinito!

Diario de un poeta recién casado, 1916.

III

    ¡Intelijencia, dame
el nombre exacto de las cosas!
...Que mi palabra sea
la cosa misma
5   creada por mi alma nuevamente.
Que por mí vayan todos
los que no las conocen, a las cosas;
que por mí vayan todos
los que ya las olvidan, a las cosas;
10   que por mí vayan todos
los mismos que las aman, a las cosas...
¡Intelijencia, dame
el nombre exacto, y tuyo,
y suyo, y mío, de las cosas!

Eternidades, 1917.

V

Vino primero pura,
vestida de inocencia;
y la amé como un niño.

Luego se fue vistiendo
5 de no sé qué ropajes;
y la fui odiando, sin saberlo.

Llegó a ser una reina,
fastuosa de tesoros...
¡Qué iracundia de yel y sin sentido!

10 ...Mas se fue desnudando.
Y yo le sonreía.

Se quedó con la túnica
de su inocencia antigua.
Creí de nuevo en ella.

15 Y se quitó la túnica,
y apareció desnuda toda...
¡Oh pasión de mi vida, poesía
desnuda, mía para siempre!

Eternidades, 1917.

CXXXVII

¡Palabra mía eterna!
¡Oh, qué vivir supremo
—ya en la nada la lengua de mi boca—,
oh, qué vivir divino
5 de flor sin tallo y sin raíz,
nutrida, por la luz, con mi memoria,
sola y fresca en el aire de la vida!

Eternidades, 1917.

XXIII

¡Qué goce, corazón, este quitarte,
día tras día, tu corteza,
este encontrar tu verdadera forma,
tierna, desnuda, palpitante,
5   con ese encanto hondo, imán eterno,
de las cosas matrices!

    ¡Corazón al aire,
resistente en tu fuerte vida débil
al ímpetu de todo el sentimiento,
10   al ímpetu de todo el pensamiento
—ideal, instinto, sueño; estas
cien ansias centimanas—,
como la mujer joven,
al ímpetu completo del amor!

Piedra y cielo, 1919.

[51]

Canción, tú eres vida mía,
y vivirás, vivirás;
y las bocas que te canten,
cantarán eternidad.

Poesía, 1917-1923.

[65]

¡Voz mía, canta, canta;
que mientras haya algo
que no hayas dicho tú,
tú nada has dicho!

Poesía, 1917-1923.

¡AMOR!

Todas las rosas son la misma rosa,
¡amor!, la única rosa;
y todo queda contenido en ella,
breve imajen del mundo,
5   ¡amor!, la única rosa.

Poesía, 1917-1923.

EL OTOÑADO

Estoy completo de naturaleza,
en plena tarde de áurea madurez,
alto viento en lo verde traspasado.
Rico fruto recóndito, contengo
5   lo grande elemental en mí (la tierra,
el fuego, el agua, el aire), el infinito.

Chorreo luz: doro el lugar oscuro,
trasmino olor: la sombra huele a dios,
emano son: lo amplio es honda música,
10   filtro sabor: la mole bebe mi alma,
deleito el tacto de la soledad.

Soy tesoro supremo, desasido,
con densa redondez de limpio iris,
del seno de la acción. Y lo soy todo.
15   Lo todo que es el colmo de la nada,
el todo que se basta y que es servido
de lo que todavía es ambición.

La estación total, 1936.

LA TRASPARENCIA,
DIOS, LA TRASPARENCIA

Dios del venir, te siento entre mis manos,
aquí estás enredado conmigo, en lucha hermosa
de amor, lo mismo
que un fuego con su aire.

5   No eres mi redentor, ni eres mi ejemplo,
ni mi padre, ni mi hijo, ni mi hermano;
eres igual y uno, eres distinto y todo;
eres dios de lo hermoso conseguido,
conciencia mía de lo hermoso.

10   Yo nada tengo que purgar.
Toda mi impedimenta
no es sino fundación para este hoy
en que, al fin, te deseo;
porque estás ya a mi lado,
15   en mi eléctrica zona,
como está en el amor el amor lleno.

Tú, esencia, eres conciencia; mi conciencia
y la de otro, la de todos,
con forma suma de conciencia;
20   que la esencia es lo sumo,
es la forma suprema conseguible,
y tu esencia está en mí, como mi forma.

Todos mis moldes llenos
estuvieron de ti; pero tú, ahora,
25   no tienes molde, estás sin molde; eres la gracia
que no admite sostén,
que no admite corona,
que corona y sostiene siendo ingrave.

Eres la gracia libre,
30   la gloria del gustar, la eterna simpatía,
el gozo del temblor, la luminaria
del clariver, el fondo del amor,
el horizonte que no quita nada;
la trasparencia, dios, la trasparencia,
35   el uno al fin, dios ahora sólito en lo uno mío,
en el mundo que yo por ti y para ti he creado.

Dios deseado y deseante, 1949.

EL NOMBRE
CONSEGUIDO DE LOS NOMBRES

Si yo, por ti, he creado un mundo para ti,
dios, tú tenías seguro que venir a él,
y tú has venido a él, a mí seguro,
porque mi mundo todo era mi esperanza.

5   Yo he acumulado mi esperanza
en lengua, en nombre hablado, en nombre escrito;
a todo yo le había puesto nombre
y tú has tomado el puesto
de toda esta nombradía.

10   Ahora puedo yo detener ya mi movimiento,
como la llama se detiene en ascua roja
con resplandor de aire inflamado azul,
en el ascua de mi perpetuo estar y ser;
ahora yo soy ya mi mar paralizado,
15   el mar que yo decía, mas no duro,
paralizado en olas de conciencia en luz
y vivas hacia arriba todas, hacia arriba.

Todos los nombres que yo puse
al universo que por ti me recreaba yo,
20   se me están convirtiendo en uno y en un
dios.

El dios que es siempre al fin,
el dios creado y recreado y recreado
por gracia y sin esfuerzo.
25   El Dios. El nombre conseguido de los nombres.

Dios deseado y deseante, 1949.

SOY ANIMAL DE FONDO

"En fondo de aire" (dije) "estoy"
(dije), "soy animal de fondo de aire" (sobre tierra),
ahora sobre mar; pasado, como el aire, por un sol
que es carbón allá arriba, mi fuera, y me ilumina
5   con su carbón el ámbito segundo destinado.

Pero tú, dios, también estás en este fondo,
y a esta luz ves, venida de otro astro;
tú estás y eres
lo grande y lo pequeño que yo soy,
10   en una proporción que es ésta mía,
infinita hacia un fondo
que es el pozo sagrado de mí mismo.

Y en este pozo estabas antes tú
con la flor, con la golondrina, el toro
15   y el agua; con la aurora
en un llegar carmín de vida renovada;
con el poniente, en un huir de oro de gloria.
En este pozo diario estabas tú conmigo,
conmigo niño, joven, mayor, y yo me ahogaba
20   sin saberte, me ahogaba sin pensar en ti.
Este pozo que era, sólo y nada más ni menos,
que el centro de la tierra y de su vida.

Y tú eras en el pozo mágico el destino
de todos los destinos de la sensualidad hermosa
25   que sabe que el gozar en plenitud
de conciencia amadora,
es la virtud mayor que nos trasciende.

Lo eras para hacerme pensar que tú eras tú,
para hacerme sentir que yo era tú,
30   para hacerme gozar que tú eras yo,

para hacerme gritar que yo era yo
en el fondo de aire en donde estoy,
donde soy animal de fondo de aire,
con alas que no vuelan en el aire,
35 que vuelan en la luz de la conciencia
mayor que todo el sueño
de eternidades e infinitos
que están después, sin más que ahora yo, del aire.

Dios deseado y deseante, 1949.

ESPACIO[2]

Fragmento tercero
(sucesión)

"Y para recordar por qué he venido", estoy
diciendo yo. "Y para recordar por qué he nacido",
conté yo un poco antes, ya por La Florida. "Y para
recordar por qué he vivido", vuelvo a ti mar, pensé
5 yo en Sitjes, antes de una guerra, en España, del
mundo. ¡Mi presentimiento! Y entonces, marenme-
dio, mar, más mar, eterno mar, con su luna y su sol
eternos por desnudos, como yo, por desnudo, eterno;
el mar que me fue siempre vida nueva, paraíso pri-
10 mero, primer mar. El mar, el sol, la luna, y ella y yo,
Eva y Adán, al fin y ya otra vez sin ropa, y la obra
desnuda y la muerte desnuda, que tanto me atraje-
ron. Desnudez es la vida y desnudez la sola eterni-
dad... Y sin embargo, están, están, están, están lla-
15 mándonos a comer, gong, gong, gong, gong, en este
barco de este mar, y hay que vestirse en este mar, en
esta eternidad de Adán y Eva, Adán de *smoking,*
Eva... Eva se desnuda para comer como para
bañarse; es la mujer y la obra y la muerte, es la
20 mujer desnuda, eterna metamórfosis. ¡Qué estraño
es todo esto, mar, Miami! No, no fue allí en Sitjes,
Catalonia, Spain, en donde se me apareció mi mar
tercero, fue aquí ya; era este mar, este mar mismo,
mismo y verde, verdemismo; no fue el Medite-
25 rráneo azulazulazul, fue el verde, el gris, el negro

---

[2] *Espacio.* Consta este poema de tres fragmentos conserva-
dos y editados, en que reúne el poeta muchos motivos de su
propia poesía, de su vida y de la obra de otros autores, con una
escritura integradora, musical, suelta y espontánea, que rom-
pía la limitación del verso, ejemplo de su última producción
(que comienza en 1941-1942, pero sólo edita parcialmente).

Atlántico de aquella Atlántida. Sitjes fue, donde
vivo ahora, Maricel, esta casa de Deering, española,
de Miami, esta Villa Vizcaya aquí de Deering, espa-
ñola aquí en Miami, aquí, de aquella Barcelona.
30   Mar, y ¡qué estraño es todo esto! No era España,
era La Florida de España, Coral Gables, donde está
la España esta abandonada por los hijos de Deering
(testamentaría inaceptable) y aceptada por mí; esta
España (Catalonia, Spain) guirnaldas de morada
35   bugainvilia por las rejas. Deering, vivo destino. Ya
está Deering muerto y trasmutado. Deering
Destino Deering, fuiste clarividencia mía de ti
mismo, tú (y quién habría de pensarlo cuando yo,
con Miguel Utrillo y Santiago Rusiñol, gozábamos
40   las blancas salas soleadas, al lado de la iglesia, en
aquel cabo donde quedó tan pobre el "Cau Ferrat"
del Ruiseñor bohemio de albas barbas no lavadas).
Deering, sólo el Destino es inmortal, y por eso te
hago a ti inmortal, por mi Destino. Sí, mi Destino es
45   inmortal y yo, que aquí lo escribo, seré inmortal
igual que mi Destino, Deering. Mi Destino soy yo y
nada y nadie más que yo; por eso creo en Él y no me
opongo a nada suyo, a nada mío, que Él es más que
los dioses de siempre, el dios otro, rejidos, como yo
50   por el Destino, repartidor de la sustancia con la
esencia. En el principio fue el Destino, padre de
la Acción y abuelo o bisabuelo o algo más allá, del
Verbo. Levo mi ancla, por lo tanto, izo mi vela para
que sople Él más fácil con su viento por los mares
55   serenos o terribles, atlánticos, mediterráneos, pací-
ficos o los que sean, verdes, blancos, azules, mo-
rados, amarillos, de un color o de todos los colores.

Espacio, 1941-1942. 1954.

ULTRAÍSMO (1916 - 1921)

MOVIMIENTO de vanguardia, que se muestra en algunas revistas como *Grecia*, *Ultra* y *Cosmópolis*, con manifiestos y actos públicos. Representa la réplica en lengua española de las vanguardias europeas y significó sobre todo una sacudida en el ambiente literario. Aparecen vinculados, bajo la guía de Cansinos-Assens, Guillermo de Torre, Adriano del Valle, Juan Chabás, Jorge L. Borges, los hermanos Rivas Paneda, Gerardo Diego y otros.

Edición facsimilar de *Ultra*. Madrid, Visor, 1993. *Poesía de la vanguardia española. (Antología)*. Ed. de Germán Gullón. Madrid, Taurus, 1981. *Poesía española de vanguardia*. Ed. de Francisco J. Díez de Revenga. Madrid, Castalia, 1995.

SIGNO CELESTE

¡Mía era la estrella!   ¡Mía!

```
   Por
        las
            escalas
5                   áureas
                          dejan
                                huellas
                                      de
                                        luz
10                                         los
                                              pies
                                                  rosados
        de las estrellas blancas
        que llegan peregrinas desde un poniente bárbaro.
15   El hacha de la Luna
        tiene sangre de un Sol decapitado
        que hundió su cabellera
            en los mares del trópico
                para apresar a los bajeles náufragos,
20                Las manos del Silencio
```

DEVANAN EN LA RUECA DEL ZODÍACO

                las trenzas de las vírgenes
                y el lino inmaculado de los ángelus...

ADRIANO DEL VALLE[1]

Grecia, 1919.

[1] *Adriano del Valle* (Sevilla, 1895-Madrid, 1957). Poeta fundador de la revista *Grecia,* con Vando-Villar, sigue después las tendencias neopopular, neobarroca e, incluso, clasicista tras la guerra civil.

MADRIGAL AÉREO

A Isaac del Vando-Villar, iluminado, atala-
yante y efusivo en su altitud directorial. [2]

Panorama vibracionista
       galería de máquinas
           Dinamos.
Una corona de hélices
5   magnifica la testa de
   FÉMINA PORVENIRISTA
Hacia qué hemisferio nordestas tu brújula cardíaca?
Un circuito de ardentías
      se polariza en tus ojos iónicos.
10 Sobre las nubes velivolantes
       tu móvil cuerpo se diversifica
        en transmutadoras perspectivas.
El cable sinusoide de tus brazos
      Se desenrolla sobre tus senos cúbicos
15 Un motor se espeja en tu iris meditativo.
Tu luminosa psiquis intelectiva
deviene una mariposa aviónica
que se eleva sobre los opacos gineceos
y en tu obsesión geométrica
20   evocas voluptuosamente
       la carnal perpendicular
        bisectriz de tu divino triángulo.
Oh la vibración de tus diástoles
      que transfundes al lucífero afín
25   en una ósmosis erotical
Tálamos en las antenas
      Andróginos mecánicos
Oh Fémina porvenirista!

---

[2] *Isaac del Vando-Villar* (1890-1963). Poeta sevillano ultraís-
ta, director de la revista *Grecia*.

En mi espasmo augural
30   te he poseído arrullándote
al ritmo de las hélices sidéreas.

GUILLERMO DE TORRE[3]

Grecia, 1919.

[3] *Guillermo de Torre* (Madrid, 1900-Buenos Aires, 1971). Conocido sobre todo como uno de los críticos literarios más importantes e historiador de las vanguardias, fue autor del *Manifiesto vertical ultraísta* (1920) y del libro *Hélices* (1923), el más significativo de este movimiento poético.

NAUFRAGIO

A Humberto Rivas.[4]

La cigarra del sol levantó el vuelo
Las horas saltan como cuerdas

        Toda la Tierra
toda la Tierra abierta como un cauce
5   para la noche desbordada

Los árboles náufragos chapotean
en la montaña

PEDRO GARFIAS[5]

Ultra, 1921-1922.

---

[4] *Humberto Rivas.* Es también poeta vanguardista. Su hermano José y él fueron los máximos impulsores de la revista *Ultra,* donde publicaron sus frecuentes colaboraciones poéticas.

[5] *Pedro Garfias* (Salamanca, 1901-México, 1967). Vinculado a los poetas sevillanos, participó en la poesía ultraísta, aunque su obra más importante arranca de la guerra civil. Es uno de los poetas representativos del exilio español en México.

LEÓN FELIPE

(Tábara, Zamora, 1884 - México, 1968)

FELIPE Camino Galicia publica ya con su nombre literario el primer libro en 1920, *Versos y oraciones de caminante*, con un segundo volumen en 1930, seguido de *Drop a Star* (1935). Presenta una poesía de gran intensidad a partir de la guerra, en la que estuvo presente, y del exilio en México, donde residía anteriormente y continuó hasta la muerte: *Español del éxodo y del llanto* (1939), *Ganarás la luz* (1943), *El Ciervo* (1950). *¡Oh, este viejo y roto violín!* y *Rocinante* son sus libros principales después de 1965.

Obra poética escogida. Pról. de Gerardo Diego. Madrid, Espasa-Calpe, 1975 (Reed. Selecc. Austral, 1977). *Versos y oraciones de caminante. Drop a Star*. Ed. de J. Paulino. Madrid, Alhambra, 1979. *Ganarás la luz*. Ed. de J. Paulino. Madrid, Cátedra, 1982.

PROLOGUILLOS

2

Poesía...
tristeza honda y ambición del alma...
¡cuándo te darás a todos... a todos,
al príncipe y al paria,
5   a todos...
sin ritmo y sin palabras!

Versos y oraciones de caminante, 1920.

COMO TÚ...

Así es mi vida,
piedra,
como tú; como tú,
piedra pequeña;
5   como tú,
piedra ligera;
como tú,
canto que ruedas
por las calzadas
10   y por las veredas;
como tú,
guijarro humilde de las carreteras;
como tú,
que en días de tormenta
15   te hundes
en el cieno de la tierra
y luego
centelleas
bajo los cascos
20   y bajo las ruedas;
como tú, que no has servido
para ser ni piedra
de una Lonja,
ni piedra de una Audiencia,
25   ni piedra de un Palacio,
ni piedra de una Iglesia;
como tú,
piedra aventurera;
como tú,
30   que, tal vez, estás hecha
sólo para una honda,
piedra pequeña
y
ligera...

Versos y oraciones
de caminante, 1920.

PIE PARA EL NIÑO DE VALLECAS
DE VELÁZQUEZ[1]

Bacía, Yelmo, Halo,
Éste es el orden Sancho...

De aquí no se va nadie.

Mientras esta cabeza rota
del niño de Vallecas exista,
de aquí no se va nadie. Nadie.
5   Ni el místico ni el suicida.

Antes hay que deshacer este entuerto,
antes hay que resolver este enigma.
Y hay que resolverlo entre todos,
y hay que resolverlo sin cobardías,
10   sin huir
con unas alas de percalina
o haciendo un agujero
en la tarima.
De aquí no se va nadie. Nadie.
15   Ni el místico, ni el suicida.

Y es inútil,
inútil toda huida
(ni por abajo
ni por arriba).
20   Se vuelve siempre. Siempre.
Hasta que un día (¡un buen día!)
el yelmo de Mambrino

---

[1] Se refiere a uno de los cuadros de bufones, pintado por
Velázquez y que se exhibe en el Museo del Prado. Se trata de
Francisco Lezcano, vizcaíno, enano de enorme cabeza, al ser-
vicio del príncipe Baltasar Carlos. No se sabe de dónde le
viene el título de "El Niño de Vallecas".

—halo ya, no yelmo ni bacía—
se acomode a las sienes de Sancho
25   y a las tuyas y a las mías
como pintiparado,
como hecho a la medida.
Entonces nos iremos Todos
por las bambalinas:
30   Tú y yo y Sancho y el niño de Vallecas
y el místico y el suicida.

*Versos y oraciones
de caminante* II, 1930.

DROP A STAR [2]

II

¿Dónde está la estrella de los Nacimientos?
La tierra, encabritada, se ha parado en el viento.
Y no ven los ojos de los marineros.
Aquel pez —¡seguidle!—
5 se lleva, danzando,
la estrella polar.

El mundo es una *slot-machine,*
con una ranura en la frente del cielo,
sobre la cabecera del mar.
10 (Se ha parado la máquina,
se ha acabado la cuerda.)
El mundo es algo que funciona
como el piano mecánico de un bar.
(Se ha acabado la cuerda,
15 se ha parado la máquina...)
                              Marinero,
tú tienes una estrella en el bolsillo...
        ¡Drop a star!
Enciende con tu mano la nueva música del mundo,
20 la canción marinera de mañana,
el himno venidero de los hombres...
        ¡Drop a star!
Echa a andar otra vez este barco varado, marinero.
Tú tienes una estrella en el bolsillo...
25 una estrella nueva de paladio, de fósforo y de imán.

Drop a star, 1935.

---

[2] *Drop a Star*. Según el propio poeta, toma su título de
"Drop a coin" (deposite una moneda), advertencia de las
máquinas tragaperras —*slot-machines*— en Estados Unidos.

LA INSIGNIA [3]

[Fragmento]

Españoles,
españoles que vivís el momento más trágico de toda
                                    [nuestra Historia,
¡estáis solos!
¡Solos!
El mundo,
todo el mundo es nuestro enemigo, y la mitad de nues-
    tra sangre —la sangre podrida y bastarda de Caín—
    se ha vuelto contra nosotros también.
¡Hay que encender una estrella!
¡Una sola, sí!

Hay que levantar una bandera.
¡Una sola, sí!
Y hay que quemar las naves.
De aquí no se va más que a la muerte o a la victoria.
Todo me hace pensar que a la muerte.
No porque nadie me defienda
sino porque nadie me entiende.
Nadie entiende en el mundo la palabra "justicia". Ni
                                    [vosotros siquiera.
Y mi misión era estamparla en la frente del hombre
y clavarla después en la Tierra
como el estandarte de la última victoria.
Nadie me entiende.

[3] Extenso poema o "alocución poemática" de la guerra
civil, parcialmente publicado en la revista *Hora de España*
(1937) y proclamado antes en Valencia y Barcelona. Se escri-
bió con motivo de la caída de Málaga en poder de los ejérci-
tos franquistas (8 de febrero de 1937), pero trasciende el
aspecto inmediato.

Y habrá que irse a otro planeta
con esta mercancía inútil aquí,
con esta mercancía ibérica y quijotesca.
¡Vamos a la muerte!
Sin embargo,
aún no hemos perdido aquí la última batalla,
la que se gana siempre pensando que ya no hay más
                              [salida que la muerte.
¡Vamos a la muerte!
Éste es nuestro lema.
¡A la muerte!
Éste es nuestro lema.
Que se despierte Valencia y que se ponga la mortaja.

[* * *]

Españoles,
españoles revolucionarios.
¡Vamos a la muerte!
Que lo oigan los espías.
¿Qué importa ya que lo oigan los espías?
Que lo oigan *ellos,* los bastardos.
¿Qué importa ya que lo oigan los bastardos?
A estas alturas de la Historia
ya no se oye nada.
Se va hacia la muerte
y abajo queda el mundo irrespirable de los raposos
                    [y de los que pactan con los raposos.
¡Vamos a la muerte!
¡Que se despierte Valencia
y que se ponga la mortaja!...

La insignia, 1937.

ESPAÑOL

Español del éxodo de ayer
y español del éxodo de hoy:
te salvarás como hombre,
pero no como español.
5   No tienes patria ni tribu. Si puedes,
hunde tus raíces y tus sueños
en la lluvia ecuménica del sol.
Y yérguete... ¡Yérguete!
Que tal vez el hombre de este tiempo...
10   es el hombre movible de la luz,
del éxodo y del viento.

Julio, 1939.

Español del éxodo y del llanto, 1939.

LA ESPADA

En el principio creó Dios la luz... y la sombra.
Dijo Dios: Haya luz
y hubo luz.
Y vio que la luz era buena.
5 Pero la sombra estaba allí.
Entonces creó al hombre.
Y le dio la espada del llanto para matar la sombra.
La vida es una lucha entre las sombras y mi llanto.
Vendrán hombres sin lágrimas...
10 pero hoy la lágrima es mi espada.

Vencido he caído mil veces en la tierra,
pero siempre me he erguido apoyado en el puño
[de mi espada.
Y el misterio está ahí,
para que yo desgarre su camisa de fuerza con mi
[llanto.

15 El llanto no me humilla.
Puedo justificar mi orgullo:
el mundo nunca se ha movido
ni se mueve ahora mismo sin mi llanto.

No hay en el mundo nada más grande que mis
[lágrimas,
20 ese aceite que sale de mi cuerpo
y se vierte en la tumba
al pasar por las piedras molineras
del sol y de la noche.

Dios contó con mis lágrimas desde la víspera del
[Génesis.
25 Y ahí van corriendo, corriendo,
gritando

y aullando
desde el día primero de la vida, a la zaga del sol.

Luz...
30   cuando mis lágrimas te alcancen,
la función de mis ojos ya no será llorar
sino ver.

Ganarás la luz, 1943.

AUSCHWITZ [4]

A todos los judíos del mundo,
mis amigos, mis hermanos.

Esos poetas infernales,
Dante, Blake, Rimbaud...
que hablen más bajo...
que toquen más bajo...
5   ¡Que se callen!
Hoy
cualquier habitante de la tierra
sabe mucho más del infierno
que esos tres poetas juntos.
10   Ya sé que Dante toca muy bien el violín...
¡Oh, el gran virtuoso!...
Pero que no pretenda ahora
con sus tercetos maravillosos
y sus endecasílabos perfectos
15   asustar a ese niño judío
que está ahí, desgajado de sus padres...
Y solo.
¡Solo!
aguardando su turno
20   en los hornos crematorios de Auschwitz.
Dante... tú bajaste a los infiernos
con Virgilio de la mano
(Virgilio, "gran cicerone")
y aquello vuestro de la *Divina Comedia*
25   fue una aventura divertida
de música y turismo.

[4] *Auschwitz*. Nombre alemán de la localidad polaca donde los nazis instalaron algunos campos de concentración, entre 1940 y 1945, para la aplicación de la "solución final" o exterminio de los judíos.

Esto es otra cosa... otra cosa...
¿Cómo te explicaré?
¡Si no tienes imaginación!
30   *Tú*... no tienes imaginación,
acuérdate que en tu "Infierno"
no hay un niño siquiera...
Y ese que ves ahí...
está solo.
35   ¡Solo! *Sin cicerone*...
esperando que se abran las puertas de un infierno
que tú, ¡pobre florentino!,
no pudiste siquiera imaginar.
Esto es otra cosa... ¿cómo te diré?
40   ¡Mira! Éste es un lugar donde no se puede tocar
[el violín.
Aquí se rompen las cuerdas de todos
los violines del mundo.
¿Me habéis entendido, poetas infernales?
Virgilio, Dante, Blake, Rimbaud...
45   ¡Hablad más bajo!
¡Tocad más bajo!... ¡Chist!...
¡¡Callaos!!
Yo también soy un gran violinista...
y he tocado en el infierno muchas veces...
50   Pero ahora, aquí...
rompo mi violín... y me callo.

¡Oh, este viejo y roto violín!, 1965.

CRISTO

Cristo,
te amo
no porque bajaste de una estrella
sino porque me descubriste
5   que el hombre tiene sangre,
lágrimas,
congojas...
¡llaves,
herramientas!
10   para abrir las puertas cerradas de la luz.
Sí... Tú nos enseñaste que el hombre es Dios...
un pobre Dios crucificado como Tú.
Y aquel que está a tu izquierda en el Gólgota,
el mal ladrón...
15   ¡también es un Dios!

¡Oh, este viejo y roto violín!, 1965.

JOSÉ MORENO VILLA

(Málaga, 1887 - México, 1955)

ARTISTA de amplia cultura, realizó estudios de química en Friburgo, fue bibliotecario (tuvo a su cargo los manuscritos del Archivo del Palacio Real), pintor y poeta. Vivió durante muchos años en la Residencia de Estudiantes de Madrid, coincidiendo con su momento de mayor influencia. Allí estuvo muy próximo a los poetas del 27. Sus comienzos en la escritura parecen cercanos del popularismo estilizado (antecediendo a Lorca) y luego asimiló la renovación de la vanguardia: *Garba* (1913), *El pasajero* (1914), *Jacinta la pelirroja* (1929), *Salón sin muros* (1936). Abandonó España durante la guerra civil, viviendo en Estados Unidos y después en México. Es importante su poesía del exilio, llena de melancolía y hondura: *Puerta severa* (1941), *La Noche del verbo* (1942).

Antología. Ed. y pról. de Luis Izquierdo. Barcelona, Plaza-Janés, 1982.

EN LA SELVA FERVOROSA

PRÓLOGO

Dejé cayado y botas y aquel zurrón querido
en que la hogaza tierna ponía su latido.

Me senté en una peña; cogí con ambas manos
el alma, que fue un leve puñado de vilanos

5   y es ya cumplida y grave cúpula de la vida
donde las ilusiones luchan por su salida.

La senté con dulzura, y con manera franca
le dije: "Sin temores, tu dolor ¿de qué arranca?"

Yo fui tu gondolero, y en los pasos amargos
10   fue para ti mi góndola nueva nave de Argos.

Yo creí que en mi cuerpo, que es la gota de oliva
flotando sobre el agua, tu rara esencia iba

muellemente encunada, sorda e impermeable
a los huracanados dardos del venerable

15   vivir; que yo tu escudo acorazado era;
pero todo fue parto cruel de la quimera.

Tú pesas, tú me pesas como una reconcoma,
como a la hormiga debe de pesarle la loma;

y ese peso es el hijo de los grandes dolores:
20   gana en peso quien tiene músculos luchadores.

¡Pobre almita de ayer! ¿Quién te conoce
                                    [hogaño?
¿Quién en tu frente blanca puso el tiznón del
                                    [daño?

Yo fui sólo el culpable. Este ser pasajero
bien pudo haber nacido ciego sobre el sendero;
25 bien pudo no tener ni lengua maldiciente,
ni paladar, ni oído, ni ese tacto ferviente

con que se va a las cosas como el más caprichoso
rapaz. Oh, pobre almita, cuéntale al doloroso

pasajero la esencia de tu sutil tormento.
30 Y ella dijo: "Una selva en mis hondones siento".

El pasajero, 1914.

VOZ MADURA

Déjame tu caña verde.
Toma mi vara de granado.

¿No ves que el cielo está rojo
y amarillo el prado;
5   que las naranjas saben a rosas
y las rosas a cuerpo humano?

Déjame tu caña verde.
Toma mi vara de granado.

Colección, 1924.

BAILARÉ
CON JACINTA LA PELIRROJA [1]

Eso es, bailaré con ella
el ritmo roto y negro
del jazz. Europa por América.
Pero hemos de bailar si se mueve la noria,
5 y cuando los mirlos se suban al chopo de la vecina.

Porque —esto es verdad—
cada rito exige su capilla.
¿No, Jacinta?
Oh, Jacinta, pelirroja, peli-peli-roja
10 pel-pel-peli-pelirrojiza.
Qué bonitos, qué bonitos, oh, qué bonitos
son, sí, son, tus dos, dos, dos, bajo las tiras
de dulce encaje hueso de Malinas.
Oh, Jacinta,
15 bien, bien mayor, bien supremo.
Ya tenemos el mirlo arriba,
y la noria del borriquillo, gira.

Jacinta la pelirroja, 1929.

[1] Jacinta es el nombre poético de una muchacha norteamericana con la que Moreno Villa estuvo comprometido. Representa el tipo de joven moderna y deportista del momento. Este libro, de rasgos irónicos, es muestra de la etapa vanguardista del autor.

MADRID,
FRENTE DE LUCHA [2]

Tarde negra, lluvia y fango,
tranvías y milicianos.
Por la calzada, un embrollo
de carritos sin caballos,
5   o jumentos con el mísero
ajuar de los aldeanos.
Caras sin color que emigran
de los campos toledanos;
niños, viejos,
10   mujeres que fueron algo,
que fueron la flor del pueblo
y hoy son la flor del harapo.
Nadie habla. Todos van,
todos vamos
15   a la guerra, o por la guerra,
en volandas o rodando
a millares, como hojas
en el otoño dorado.
Pasan camiones de guerra
20   y filas de milicianos
entre zonas de silencio,
lluvia y fango.
Pasan banderines rojos
delirantes, desflecados,
25   como nuncios de victoria
en las proas de los autos,
mientras las mujeres hacen
"colas" por leche, garbanzos,
carbón, lentejas y pan.

[2] Este poema y el siguiente corresponden a la poesía escrita
en la guerra civil, en defensa de la República y su lucha. Puede
obervarse, como en otros ejemplos equivalentes de esta
Antología, la preferencia por la métrica popular del romance.

30   Los suelos están sembrados
       de cristales, y las casas
       ya no tienen ojos claros,
       sino cavernas heladas,
       huecos trágicos.
35   Hay rieles del tranvía
       como cuernos levantados,
       hay calles acordonadas
       donde el humo hace penachos,
       y hay barricadas de piedra
40   donde antes nos sentábamos
       a mirar el cielo terso
       de este Madrid confiado,
       abierto a todas las brisas
       y sentimientos humanos.
45   Confundido, como pez
       en globo de agua, deshago
       mis pisadas por las calles.
       Subo, bajo,
       visito las estaciones
50   del "Metro". Allí, como sacos,
       duermen familias sin casas.
       Huele a establo;
       se respira malamente.
       Subo, salgo.
55   Vuelvo a la tarde nublada.
       Me siento como encerrado
       en un Madrid hecho isla,
       solo, en un cielo de asfalto,
       por donde cruzan los cuervos
60   que buscan niños y ancianos.
       Tarde negra; lluvia, lluvia,
       tranvías y milicianos.

Poetas en la España leal, 1937.

FRENTE

Esto es el frente; aquí no hay
el menor asomo de juego.
Ya no valen literaturas.
Esto es el frente, duro y seco.
5   Es la bala y el cuerpo humano,
es la tierra y el pájaro avieso,
es la cabeza y es la mano,
y es el corazón contra el hierro.
Es subir y bajar cañones
10   por lomas atónitas de miedo.
Es aguantar cuchillos y cascos
sin moverse del parapeto;
es acompañar a los tanques
monstruosos en sus sondeos;
15   es no beber y no comer
y no dormir un día entero;
es salir con la frente alta,
o en la lona del camillero.

Poetas en la España leal, 1937.

VIVO Y SUEÑO

Cunde la rama del sauce
en la alberca su fatiga;
levanta el ciprés su lanza
infatigable a los cielos.

5   Con el sauce, vivo.
Con el ciprés, sueño.

Lánguida rama de sauce
me cuelga entenebrecida.
Lanza de ciprés emerge
10   de mi piel hasta el misterio.

Con el sauce, vivo.
Con el ciprés, sueño.

Poemas, 1939-1941.

NOS TRAJERON LAS ONDAS [3]

[Fragmento]

I

No vinimos acá, nos trajeron las ondas.
Confusa marejada, con un sentido arcano,
impuso el derrotero a nuestros pies sumisos.

Nos trajeron las ondas que viven en misterio,
5   las fuerzas ondulantes que animan el destino,
los poderes ocultos en el manto celeste.

Teníamos que hacer algo fuera de casa,
fuera del gabinete y del rincón amado,
en medio de las cumbres solas, altas y ajenas.

10   El corazón estaba aferrado a lo suyo,
alimentándose de sus memorias dormidas,
emborrachándose de sus eternos latidos.

Era dulce vivir en lo amoldado y cierto,
con su vino seguro y su manjar caliente;
15   con su sábana fresca y su baño templado.

El libro iba saliendo; el cuadro iba pintándose;
el intercambio entre nosotros y el ambiente
verificábase como función del organismo.

Era normal la vida: el panadero, al horno;
20   el guardián, en su puesto; en su hato el pastor;
en su barca el marino y el pintor en su estudio.

[3] Poema que explica el desarraigo del exilio, vivido como
destino, donde Moreno Villa, hombre ya maduro, con más de
50 años, iba a encontrar el amor y la trascendencia vital en el
hijo, como expresa la composición siguiente.

¿Por qué fue roto aquello? ¿Quién hizo capitán
al mozo tabernero y juez al hortelano?
¿Quién hizo embajador al pobre analfabeto
25 y conductor de almas a quien no se conduce?

Fue la borrasca humana, sin duda, pero tú,
que buscas lo más hondo, sabes que por debajo
mandaban esas fuerzas ondulantes y oscuras
que te piden un hijo donde no lo soñabas,
30 que es pedirte los huesos para futuros hombres.

La noche del Verbo, 1942.

A MI HIJO

Vienes, hijito, cuando ya la luna
domina todo el cielo de mi vida.
Cuando suplanta el búho
al ruiseñor vivaz y tempranero.

5   Vienes cuando tu padre
no sube ya los montes,
y prefiere, callado,
mirar cómo fue todo, cómo todo
se fue quedando atrás en el camino.

10   Déjame tu manita de arzobispo,
manteca más que carne, leche viva,
que mañana será mano de obrero
con alma de señor.

Tu manita expresiva,
15   que agarra el biberón con impaciencia
y, a medida que bebes,
se afloja, se separa,
se mueve alegremente
como rama nutrida en busca de aire.

20   Déjame ver tus ojos, que ya miran
los colores y formas de las cosas
sin entender el alma;
casi, casi lo mismo que tu padre.

Tus ojitos que ya me reconocen,
25   que ya ven en los míos algo tuyo;
que ya se ven en mí
como yo en ti me veo, flor tardía.

Y ríeme al llegar, cuando aparezco
en el breve escenario de tus ojos.

30   Ríeme así, con ancha boca, encías,
      paladar, boca intacta,
      boca sin dientes, todavía entrañas,
      color de corazón oxigenado.

          Ríeme, flor tardía.
35   Y borra así la raspa
      de haberte dado cita
      en un mundo que ofrece y nunca cumple.

Puerta severa, 1941.

JUAN LARREA

(Bilbao, 1895 - Córdoba, Argentina, 1980)

A R C H I V E R O, amigo de Gerardo Diego, participó de las publicaciones del 27, aunque escribió casi toda su poesía en Francia y, en buena parte, en lengua francesa, desde 1919 hasta 1932, manteniendo relación con los poetas americanos Vicente Huidobro y César Vallejo. Creó una revista de corta vida: *Favorables. París. Poema*. No se publicó su obra poética en libro hasta 1969, y en Italia, con el título de *Versión Celeste*. Es, sin embargo, posiblemente el más importante poeta del vanguardismo español. Aunque ausente de España, en Francia y Perú, regresó durante la guerra civil, y se exilió en México después de 1939. Participó en la creación de revistas como *Cuadernos Americanos* y pertenece a la literatura del exilio por sus libros en prosa: *Rendición de espíritu* (1943), *La espada de la paloma* (1946), *Razón de ser* (1956), entre otros. Fundó el "Aula Vallejo" en la Universidad de Córdoba (Argentina).

Versión celeste. Pról. de Luis F. Vivanco. Barcelona, Barral Editores, 1979. Ed. de Miguel Nieto. Madrid, Cátedra, 1989.

ESTANQUE

Dos alas negras sobre los polluelos

que rompen a picotazos los cascarones

5   Qué pescador lanzó los dos anzuelos

entre los pececillos de oro.

En una rama de los surtidores
10   se escama un pez volador.

Todos los disparos
centran los blancos concéntricos
en la retina del tambor

El que fondeaba
15   desde tanto tiempo
me pregunta

Cuándo se engolfarán sus góndolas
en las sábanas azules

Por toda respuesta
20   los cisnes

2 a 2

levan áncoras
25

Versión celeste, 1919-1931 (ed. en 1969 y 1970).

EVASIÓN

Acabo de desorbitar
al cíclope solar

Filo[1] en el vellón
de una nube de algodón
5   a lo rebelde a lo rumoroso
a lo luminoso y ultratenebroso

Los vientos contrarios sacuden las velas
de mis carabelas

¿Te quedas atrás Peer Gynt?

10   Las cuerdas de mi violín
se entrelazan como una cabellera
entre los dedos del viento norte

Se ha ahogado la primavera
mi belleza consorte

15   Finis terre la
soledad del abismo

Aún más allá

Aún tengo que huir de mí mismo.

Versión celeste, 1919-1931 (ed. en 1969 y 1970).

---

[1] *Filo:* del francés, *filer,* con el doble significado de hilar y marcharse o escapar.

ESPINAS CUANDO NIEVA

En el huerto de Fray Luis.

Suéñame suéñame aprisa estrella de tierra
cultivada por mis párpados cógeme por mis asas
[de sombra
alócame de alas de mármol ardiendo estrella
[estrella entre mis cenizas

Poder poder al fin hallar bajo mi sonrisa la estatua
5 de una tarde de sol los gestos a flor de agua
los ojos a flor de invierno

Tú que en la alcoba del viento estás velando
la inocencia de depender de la hermosura
[volandera
que se traiciona en el ardor con que las hojas se
[vuelven hacia el pecho más débil

10 Tú que asumes luz y abismo al borde de esta carne
que cae hasta mis pies como una viveza herida

Tú que en selvas de error andas perdida

Supón que en mi silencio vive una oscura rosa sin
[salida y sin lucha

Versión celeste, 1919-1931
(ed. en 1969 y 1970).

SANS LIMITES[2]

Mes pieds sont au dehors de la nuit
comme l'os est au dehors de la mœlle
infatigables on trouve partout
les égards que l'erreur porte aux merveilles

5   La limite des sacrifices a été atteinte
le front endigue l'automne un piège inépuisable
résorbe les chemins où l'ombre raréfie
de plus en plus ses caresses
on ardoise l'embarras on muselle le vide
10   sans rien laisser à l'oubli la flamme couve ses
[hasards
la pluie reste à la porte rejetée par les siens

On ne peut plus s'egarer l'impossible
devient tout doucement inévitable

Versión celeste. 1919-1931
(ed. en 1969 y 1970).

SIN LÍMITES

Mis pies están fuera de la noche
como el hueso está fuera de la médula
infatigables se encuentran por todas partes
los miramientos que el error rinde a las maravillas

5   El límite de los sacrificios ha sido alcanzado
la frente pone un dique al otoño un cepo inagotable

---

[2] Una parte importante de su poesía la escribe Larrea en
francés, y las traducciones corresponden a Gerardo Diego,
Carlos Barral, al propio Larrea o —como en este caso— a Luis
Felipe Vivanco.

reabsorbe los caminos donde la sombra rarifica
cada vez más sus caricias
se techa de pizarra el embarazo se abozala el vacío
10   sin dejarle nada al olvido la llama incuba sus azares
la lluvia se queda a la puerta rechazada por los suyos

Ya no puede uno perderse lo imposible
se torna muy paso a paso inevitable

JUAN JOSÉ DOMENCHINA

(Madrid, 1898 - México, 1959)

FUE un importante crítico en la prensa madrileña (*El Sol*, por ejemplo) bajo el seudónimo de Gerardo Rivera, con frecuencia agudo y polémico. Publicó dos novelas de vanguardia: *La túnica de Neso* (1929) y *Dédalo* (1932). Como poeta escribe obras de carácter conceptista y parece influido más tarde por el surrealismo: *Del poema eterno* (1917), *Las interrogaciones del silencio* (1918), *La corporeidad de lo abstracto* (1929), *El tacto fervoroso* (1930). De especial contenido humano son sus poemas del exilio, como *Elegías barrocas* (1948), *Exul umbra* (1948) y *El extrañado* (1958).

Poesías (1942-1958). Pról. de Ernestina de Champourcin. Madrid, Editora Nacional, 1975. *Obra poética.* Edición de Amelia de Paz. Madrid, Ed. Castalia/Comunidad de Madrid, 1995 (Clásicos Madrileños).

EL HASTÍO

Hastío —pajarraco
de mis horas—. ¡Hastío!
Te ofrendo mi futuro.

A trueque de los ocios
5   turbios que me regalas,
mi porvenir es tuyo.

No aguzaré las ramas
de mi intelecto, grave.
No forzaré mis músculos.

10   ¡Como un dios, a la sombra
de mis actos —en germen,
sin realidad—, desnudo!

¡Como un dios —indolencia
comprensiva—, en la cumbre
15   rosada de mi orgullo!

¡Como un dios, solo y triste!
¡Como un dios, triste y solo!
¡Como un dios, solo y único!

La corporeidad de lo abstracto, 1929.

TACTO FERVOROSO

Tacto
laico,

¿qué me
quieres?

5   Sombras
sordas

lijan
finas,

esta
10 pena

fría,
fría,

de mis
sienes.

15 ¡Senos
negros!

(Yo no
toco

más que
20 fraudes.)

Tacto
laico:

Soy la
poda

25 de lo
feo.

¡No me
sobes!

Busco
30 pulcros,

quiero
netos

arduos
tactos.

35 Pido
limpios

senos
ebrios;

que la
40 yerta

farsa
lacia

de los
pechos

45 que se
venden,

puso
sucios

estos
50 dedos

de mi
fiebre

¡Arduos
tactos!

55   ¡Mutuos
lujos!

soy la
poda

de lo
60   feo.

El tacto fervoroso, 1930.

SONETOS

1

Alto dolor, esbelto dolor, tan bien sentido
que nunca se doblega ni se hinoja... Costumbre
de *ser* —no cabizbajo, como la pesadumbre,
ni, como el pusilánime o el débil, abatido.

5 Caer no significa dejarse estar caído.
El esquema perfecto es la llama: su lumbre,
consumiéndose, erige la lucidez en cumbre
radiante, y vive en alto porque ardiendo ha
[subido.

El esqueleto, sobria rectitud, lo rellena
10 el gusto veleidoso de la forma liviana;
pero, dentro, el espíritu se aguza con la pena

y despoja de adornos superfluos su desnudo.
La carne, que es vehemente querencia, vive,
[humana,
lo que su compañera de azar vivir no pudo.

Destierro, 1942.

DÉCIMAS CONCÉNTRICAS
Y EXCÉNTRICAS

5

Existo, sí. Y me resisto
a ser réplica o trasunto.
Naciendo de mí, y a punto
de partirme, sé que existo.
5 Otros logran, por lo visto,
ser o no ser, de algún modo
que conviene a su acomodo.
Yo no pude regalarme,
ni mucho menos prestarme,
10 porque he de vivir del todo.

Destierro, 1942.

SEÑOR:
HE SIDO EL HOMBRE

Señor: he sido el hombre que he podido
ser, y sin falsedad ni fingimiento.
¿Anduve bien? Por mi arrebatamiento
enajenado, he sido lo que he sido.

5   Desconozco si tuvo o no sentido
mi modo de sentir. Hoy ya no siento
aquel gozo de ser —el ardimiento
de la sangre, ni apenas su latido.

Mucho temo que yo, como traído
10   y llevado en sus rachas por el viento,
no haya podido ser lo que he querido

ser. Y es posible que en mi acabamiento
se extinga el hombre que no fui, el que ha sido
un intento de ser, sólo un intento...

Nueve sonetos y tres romances, 1952.

FERNANDO VILLALÓN

(Sevilla, 1881 - Madrid, 1930)

GANADERO, amigo de los poetas del 27, a los que
acompañó en el homenaje a Góngora en Sevilla, cuando
comienza a publicar los propios libros tardíamente. Su
poesía tiene como tema los motivos andaluces y sus per-
sonajes, el campo, las reses bravas... Contribuye a la
revitalización del romancero con *Andalucía la baja*
(1927) y *Romances del 800* (1929), donde está lo mejor
de su obra, coincidiendo con poetas como García Lorca.
La toriada (1928) es el título de otro de sus libros.

   Obras: Poesía y Prosa. Ed. de Jacques Issorel.
Madrid, Trieste, 1987.

PREGÓN SEVILLANO

Para Alejandro Collantes de Terán.

La calleja es una herida
honda y curada con cal.
Juega el sol con un rosal
en la ventana florida.
5   La siesta a rezar convida.

Reza el agua eternamente
en el patio; y de repente
un grito asustó a la rosa
que se desmayó mimosa
10   sobre el cristal de la fuente.

Andalucía la baja, 1927.

GARROCHISTAS

I

Mi caballo se ha cansado.
Mi caballo el marismeño,
que no le teme a los toros
ni a los jinetes de acero.

5   Por la madrugada,
música de esquilas y espuelas,
garrochas
cruzadas.

II

Ya mis cabestros pasaron
10   por el puente de Triana,
seis toros negros en medio
y mi novia en la ventana.

¡Puente de Triana,
yo he visto un lucero muerto
15   que se lo llevaba el agua!

III

La corrida del domingo
no se encierra sin mi jaca.
Mi jaca la marismeña,
que por piernas tiene alas.

20   Venta vieja de Eritaña,
la cola de mi caballo
dos toros negros peinaban...

IV

¡Islas del Guadalquivir!
¡Donde se fueron los moros,
25   que no se quisieron ir!...
En el espejo del agua
yo reparo en los andares
salerosos de mi jaca.

Luces de Sevilla,
30   faro de los garrochistas
que anochecen en la Isla.

V

En las salinas del puerto
se encarga a los salineros
las garrochas de majagua[1]
35   que gastan los mozos buenos.

Si no se me parte el palo,
aquel torillo berrendo
no me hiere a mí el caballo.

Romances del 800, 1929.

---

[1] Árbol americano, de tronco recto y grueso, cuya madera fuerte es muy apropiada para lanzas. Crece en Cuba.

PEDRO SALINAS

(Madrid, 1891 - Boston, 1951)

E S T U D I Ó en Madrid y París (la Sorbona), donde fue lector de español, así como en Cambridge. Catedrático de literatura en la Universidad de Sevilla, ensayista, dramaturgo y poeta. En toda su obra de creación busca lo esencial íntimo con lenguaje nítido y conceptual. Su primera poesía abarca los años 20 (*Presagios*, *Seguro azar*, *Fábula y signo*); en los años treinta escribe sus grandes libros amorosos, *La voz a ti debida* (1933), *Razón de amor* (1936), *Largo lamento*, y desarrolla una importante labor en el Centro de Estudios Históricos de Madrid y como secretario de la Universidad Internacional Menéndez Pelayo de Santander. Salió de España durante la guerra, y residió en Estados Unidos siendo profesor de la Universidad John Hopkins, y en Puerto Rico. Su obra de este tiempo está marcada por la preocupación por los valores y el destino de la historia humana: *El Contemplado* (1946), *Todo más claro y otros poemas* (1949).

Poesías Completas. Ed. de Soledad Salinas, pról. de Jorge Guillén. Barcelona, Barral, 1971. *La voz a ti debida. Razón de amor*. Ed. de J. González Muela. Madrid, Castalia, 1969.

5

Posesión de tu nombre,
sola que tú permites,
felicidad, alma sin cuerpo.
Dentro de mí te llevo
5   porque digo tu nombre,
felicidad, dentro del pecho.
"Ven": y tú llegas quedo;
"vete": y rápida huyes.
Tu presencia y tu ausencia
10   sombra son una de otra,
sombras me dan y quitan.
(¡Y mis brazos abiertos!)
Pero tu cuerpo nunca,
pero tus labios nunca,
15   felicidad, alma sin cuerpo, sombra pura.

Presagios, 1924.

HALLAZGO

No te busco
porque sé que es imposible
encontrarte así, buscándote.

Dejarte. Te dejaré
5   como olvidada
y pensando en otras cosas
para no pensar en ti,
pero pensándote a ti
en ellas, disimulada.
10 Frases simples por los labios:
"Mañana tengo que hacer..."
"Eso sí, mejor sería..."
Distracción. ¡Qué fácil todo,
qué sencillo todo ya, tú
15 olvidada!

Y entonces,
de pronto —¿por cuál será
de los puntos cardinales?—
te entregarás, disfrazada
20 de sorpresa,
con ese traje tejido
de repentes, de improvisos,
puesto para sorprenderme,
que yo mismo te inventé.

Fábula y signo, 1931.

Para vivir no quiero
islas, palacios, torres.
¡Qué alegría más alta:
vivir en los pronombres!

5   Quítate ya los trajes,
las señas, los retratos;
yo no te quiero así,
disfrazada de otra,
hija siempre de algo.
10   Te quiero pura, libre,
irreductible: tú.
Sé que cuando te llame
entre todas las gentes
del mundo,
15   sólo tú serás tú.
Y cuando me preguntes
quién es el que te llama,
el que te quiere suya,
enterraré los nombres,
20   los rótulos, la historia.
Iré rompiendo todo
lo que encima me echaron
desde antes de nacer.
Y vuelto ya al anónimo
25   eterno del desnudo,
de la piedra, del mundo,
te diré:
"Yo te quiero, soy yo."

La voz a ti debida, 1933.

Amor, amor, catástrofe.
¡Qué hundimiento del mundo!
Un gran horror a techos
quiebra columnas, tiempos;
5   los reemplaza por cielos
intemporales. Andas, ando
por entre escombros
de estíos y de inviernos
derrumbados. Se extinguen
10   las normas y los pesos.
Toda hacia atrás la vida
se va quitando siglos,
frenética, de encima;
desteje, galopando,
15   su curso, lento antes;
se desvive de ansia
de borrarse la historia,
de no ser más que el puro
anhelo de empezarse
20   otra vez. El futuro
se llama ayer. Ayer
oculto, secretísimo,
que se nos olvidó
y hay que reconquistar
25   con la sangre y el alma,
detrás de aquellos otros
ayeres conocidos.
¡Atrás y siempre atrás!
¡Retrocesos, en vértigo,
30   por dentro, hacia el mañana!
¡Que caiga todo! Ya
lo siento apenas. Vamos,
a fuerza de besar,
inventando las ruinas
35   del mundo, de la mano
tú y yo
por entre el gran fracaso
de la flor y del orden.

Y ya siento entre tactos,
40   entre abrazos, tu piel
que me entrega el retorno
al palpitar primero,
sin luz, antes del mundo,
total, sin forma, caos.

La voz a ti debida, 1933.

¡Sí, todo con exceso:
la luz, la vida, el mar!
Plural todo, plural,
luces, vidas y mares.
5   A subir, a ascender
de docenas a cientos,
de cientos a millar,
en una jubilosa
repetición sin fin,
10   de tu amor, unidad.
Tablas, plumas y máquinas,
todo a multiplicar,
caricia por caricia,
abrazo por volcán.
15   Hay que cansar los números.
Que cuenten sin parar,
que se embriaguen contando,
y que no sepan ya
cuál de ellos será el último:
20   ¡qué vivir sin final!
Que un gran tropel de ceros
asalte nuestras dichas
esbeltas, al pasar,
y las lleve a su cima.
25   Que se rompan las cifras,
sin poder calcular
ni el tiempo ni los besos.
Y al otro lado ya
de cómputos, de sinos,
30   entregarnos a ciegas
—¡exceso, qué penúltimo!—
a un gran fondo azaroso
que irresistiblemente
está
35   cantándonos a gritos
fúlgidos del futuro:
"Eso no es nada, aún.
Buscaos bien, hay más".

La voz a ti debida, 1933.

Perdóname por ir así buscándote
tan torpemente, dentro
de ti.
Perdóname el dolor, alguna vez.
5   Es que quiero sacar
de ti tu mejor tú.
Ese que no te viste y que yo veo,
nadador por tu fondo, preciosísimo.
Y cogerlo
10   y tenerlo yo en alto como tiene
el árbol la luz última
que le ha encontrado al sol.
Y entonces tú
en su busca vendrías, a lo alto.
15   Para llegar a él
subida sobre ti, como te quiero,
tocando ya tan sólo a tu pasado
con las puntas rosadas de tus pies,
en tensión todo el cuerpo, ya ascendiendo
20   de ti a ti misma.

Y que a mi amor entonces, le conteste
la nueva criatura que tú eras.

La voz a ti debida, 1933.

EL CONTEMPLADO [1]

TEMA

De mirarte tanto y tanto,
del horizonte a la arena,
despacio,
del caracol al celaje,
5   brillo a brillo, pasmo a pasmo,
te he dado nombre; los ojos
te lo encontraron, mirándote.
Por las noches,
soñando que te miraba,
10   al abrigo de los párpados
maduró, sin yo saberlo,
este nombre tan redondo
que hoy me descendió a los labios.
Y lo dicen asombrados
15   de lo tarde que lo dicen.
¡Si era fatal el llamártelo!
¡Si antes de la voz, ya estaba
en el silencio tan claro!
¡Si tú has sido para mí,
20   desde el día
que mis ojos te estrenaron,
el contemplado, el constante
Contemplado!

El contemplado, 1946.

---

[1] *El Contemplado.* Se refiere el poeta al mar, visto en Puerto Rico, durante una temporada apacible de su exilio (1943-1944), alejado un tanto el recuerdo de la guerra civil.

VARIACIÓN XIII

Presagio

Esta tarde, frente a ti,
en los ojos siento algo
que te mira y no soy yo.
¡Qué antigua es esta mirada,
5   en mi presente mirando!
Hay algo, en mi cuerpo, otro.
Viene de un tiempo lejano.
Es una querencia, un ansia
de volver a ver, a verte,
10   de seguirte contemplando.
Como la mía, y no mía.
Me reconozco y la extraño.
¿Vivo en ella, o ella en mí?
Poseído voluntario
15   de esta fuerza que me invade,
mayor soy, porque me siento
yo mismo, y enajenado.

El contemplado, 1946.

EL POEMA

Y ahora, aquí está frente a mí.
Tantas luchas que ha costado,
tantos afanes en vela,
tantos bordes de fracaso
5   junto a este esplendor sereno
ya son nada, se olvidaron.
Él queda, y en él, el mundo,
la rosa, la piedra, el pájaro,
aquéllos, los del principio,
10   de este final asombrados.
¡Tan claros que se veían,
y aún se podía aclararlos!
Están mejor; una luz
que el sol no sabe, unos rayos
15   los iluminan, sin noche,
para siempre revelados.
Las claridades de ahora
lucen más que las de mayo.
Si allí estaban, ahora aquí;
20   a más transparencia alzados.
¡Qué naturales parecen,
qué sencillo el gran milagro!
En esta luz del poema,
todo,
25   desde el más nocturno beso
al cenital esplendor,
todo está mucho más claro.

Todo más claro, 1949.

JORGE GUILLÉN

(Valladolid, 1893 - Málaga, 1984)

CATEDRÁTICO de literatura española en las universidades de Murcia (1926) y Sevilla (1931), es uno de los poetas mayores en edad y de más tardía publicación de su generación. Su obra crece a partir de ese momento (1928) de manera continua y orgánica, con *Cántico* (1928-1950), "fe de vida" esencial. La rebelión militar de 1936 le sorprende en Vallodolid y, disconforme con ella, abandona España, instalándose en Estados Unidos, de donde sólo regresó en 1976 para vivir en Málaga. Durante ese tiempo enseñó en universidades americanas: Wellesley College (1940-1957), Harvard, Berkeley, California, Puerto Rico... La realidad cotidiana e histórica se instala en su obra en un segundo ciclo ya del exilio —*Clamor*— que integra *Maremagnum* (1957), *...Que van a dar en la mar* (1960), *A la altura de las circunstancias* (1963), los cuales, con los sucesivos *Homenaje* (1967), *Y otros poemas* (1973) y *Final* (1982), forman la versión definitiva de *Aire nuestro*.

Aire Nuestro. 5 vols. Ed. dirigida por Claudio Guillén y Antonio Piedra. Valladolid, Diputación/Centro de Creación y Estudios Jorge Guillén, 1987. *Final*. Ed. de Antonio Piedra. Madrid, Castalia, 1989.

LOS NOMBRES

Albor. El horizonte
Entreabre sus pestañas
Y empieza a ver. ¿Qué? Nombres.
Están sobre la pátina

5   De las cosas. La rosa
Se llama todavía
Hoy rosa, y la memoria
De su tránsito, prisa,

Prisa de vivir más.
10   A largo amor nos alce
Esa pujanza agraz
Del Instante, tan ágil

Que en llegando a su meta
Corre a imponer Después.
15   Alerta, alerta, alerta,
Yo seré, yo seré.

¿Y las rosas? Pestañas
Cerradas: horizonte
Final. ¿Acaso nada?
20   Pero quedan los nombres.

Cántico, 1928-1950.

CIMA DE LA DELICIA

¡Cima de la delicia!
Todo en el aire es pájaro.
Se cierne lo inmediato
Resuelto en lejanía.

5 ¡Hueste de esbeltas fuerzas!
¡Qué alacridad de mozo
En el espacio airoso,
Henchido de presencia!

El mundo tiene cándida
10 Profundidad de espejo.
Las más claras distancias
Sueñan lo verdadero.

¡Dulzura de los años
Irreparables! ¡Bodas
15 Tardías con la historia
Que desamé a diario!

Más, todavía más.
Hacia el sol, en volandas
La plenitud se escapa.
20 ¡Ya sólo sé cantar!

Cántico, 1928-1950.

DESNUDO

Blancos, rosas. Azules casi en veta,
    Retraídos, mentales.
Puntos de luz latente dan señales
    De una sombra secreta.

5   Pero el color, infiel a la penumbra,
    Se consolida en masa.
Yacente en el verano de la casa,
    Una forma se alumbra.

Claridad aguzada entre perfiles,
10   De tan puros tranquilos,
Que cortan y aniquilan con sus filos
    Las confusiones viles.

Desnuda está la carne. Su evidencia
    Se resuelve en reposo.
15 Monotonía justa, prodigioso
    Colmo de la presencia.

Plenitud inmediata, sin ambiente,
    Del cuerpo femenino.
Ningún primor: ni voz ni flor. ¿Destino?
20 ¡Oh absoluto Presente!

Cántico, 1928-1950.

EN PLENITUD

Después de aquella ventura
Gozada, y no por suerte
Ni error —mi sino es quererte,
Ventura, como madura
5   Realidad que me satura
Si de veras soy— después
De la ráfaga en la mies
Que ondeó, que se rindió,
Nunca el alma dice: no.
10   ¿Qué es ventura? Lo que es.

Cántico, 1928-1950.

BEATO SILLÓN

¡Beato sillón! La casa
Corrobora su presencia
Con la vaga intermitencia
De su invocación en masa
5   A la memoria. No pasa
Nada. Los ojos no ven,
Saben. El mundo está bien
Hecho. El instante lo exalta
A marea, de tan alta,
10   De tan alta, sin vaivén.

Cántico, 1928-1950.

MUERTE A LO LEJOS

Je soutenais l'éclat de la mort toute pure.
VALÉRY

Alguna vez me angustia una certeza,
Y ante mí se estremece mi futuro.
Acechándolo está de pronto un muro
Del arrabal final en que tropieza

5   La luz del campo. ¿Mas habrá tristeza
Si la desnuda el sol? No, no hay apuro
Todavía. Lo urgente es el maduro
Fruto. La mano ya lo descorteza.

...Y un día entre los días el más triste
10   Será. Tenderse deberá la mano
Sin afán. Y acatando el inminente

Poder diré sin lágrimas: embiste,
Justa fatalidad. El muro cano
Va a imponerme su ley, no su accidente.

Cántico, 1928-1950.

DESPERTAR ESPAÑOL

¡Oh blanco muro de España!
FEDERICO GARCÍA LORCA

I

¿Dónde estoy?
          Me despierto en mis palabras,
Por entre las palabras que ahora digo,
A gusto respirando
Mientras con ellas soy, del todo soy
5   Mi nombre,
Y por ellas estoy con mi paisaje:
Aquellos cerros grises de la infancia,
O ese incógnito mar, ya compañero
Si mi lengua le nombra, le somete.

10   No estoy solo. ¡Palabras!

Y merced a sus signos
Puedo acotar un trozo de planeta
Donde vivir tratando de entenderme
Con prójimos más próximos
15   En la siempre difícil tentativa
De gran comunidad.

A través de un idioma
¿Yo podría llegar a ser el hombre
Por fin humano a que mi esfuerzo tiende
20   Bajo este sol de todos?

II

Ay patria,
Con malos padres y con malos hijos,

O tal vez nada más desventurados
En el gran desconcierto de una crisis
25   Que no se acaba nunca,
Esa contradicción que no nos deja
Vivir nuestro destino,
A cuestas cada cual
Con el suyo en un ámbito despótico.
30   Ay patria,
Tan anterior a mí,
Y que yo quiero, quiero
Viva después de mí —donde yo quede
Sin fallecer en frescas voces nuevas
35   Que habrán de resonar hacia otros aires,
Aires con una luz
Jamás, jamás anciana.
Luz antigua tal vez sobre los muros
Dorados
40   Por el sol de un octubre y de su tarde:
Reflejos
De muchas tardes que no se han perdido,
Y alumbrarán los ojos de otros hombres
—Quién sabe— y sus hallazgos.

III

45   ¡Fluencia!
Y nunca se interrumpe,
Y nunca llega al mar
Ni sabe de traiciones.
Río de veras fiel a su mandato,
50   A su fatal avance sesgo a sesgo,
Rumbo a la primavera con su estío,
Y en las agudas barcas
Las eternas parejas
De nuevo amor.
                    Y no hay más mundo que ése.

55   Un mundo bajo soles
y nuestra voluntad.

Paso ha de abrirse por las nuevas sangres
Incógnito futuro
Libérrimo.
60   ¿Vamos a él? Él es quien nos arrastra
Rehaciendo el presente
Fugaz
Mientras confluye todo por su curso
De cambio y permanencia,
65   España, España, España.

IV

Nuestra invención y nuestro amor, España,
Pese a los pusilánimes,
Pese a las hecatombes —bueyes muertos—
Sobre las tierras yermas,
70   Entre ruinas y fábulas
Con luces de ponientes
Hacia noches y auroras.

Y todo, todo en vilo,
En aire
75   De nuestra voluntad.

Queremos más España.

Esa incógnita España no más fácil
De mantener en pie
Que el resto del planeta,
80   Atractiva entre manos escultoras
Como nunca lo es bajo los odios,
Creación sobre un trozo de universo
Que vale más ahondado que dejado.

¿Península? No basta geografía.
85   Queremos un paisaje con historia.

V

Errores y aflicciones.
                    ¡Cuántas culpas!

Gran historia es así:
Realidad hay, compacta.

En el recuerdo veo un muro blanco,
90 Un sol que se recrea
Difundiéndose en ocio
Para el contemplativo siempre en obra.

¡Blanco muro de España!
No quiero saber más.
95 Se me agolpa la vida hacia un destino,
Ahí,
Que el corazón convierte en voluntario.

¡Durase junto al muro!

Y no me apartarán vicisitudes
100 De la fortuna varia.
¡Tierno apego sin término!
Blanco muro de España, verdadera:
Nuestro pacto es enlace en la verdad.

Clamor, 1957-1963.

¡Si yo no soy puro en nada,
Y menos en poesía,
Si ser hombre es todavía
La flor de nuestra jornada!

Clamor, 1957-1963.

EL GRECO

La peñascosa pesadumbre estable
Ni se derrumba ni se precipita,
Y dando a tanto siglo eterna cita
Yergue con altivez hisopo y sable.
5   ¡Toledo!
Al amparo del nombre y su gran ruedo
—Toledo: "quiero y puedo"—
Convive en esa cima tanto estilo
De piedra con la luz arrebatada.
10   Está allí Theotocópulos cretense,
De sus visiones lúcido amanuense,
Que a toda la ciudad presenta en vilo,
Toda tensión de espada
Flamígera, relámpago muy largo:
15   Alumbra, no da miedo.
¡Toledo!
"A mí mismo me excedo
Sin lujo de recargo."
Filo de algún fulgor que fue una hoguera,
20   Siempre visible fibra,
Zigzag candente para que no muera
La pasión de un Toledo que revibra
Todo infuso en azules, ocres, rojos:
El alma ante los ojos.

Homenaje, 1967.

DE SENECTUTE

[Fragmentos]

1

Sale el sol otra vez para el anciano.
¿Cuántas veces aún? Inútil cómputo
De condenado a muerte. La luz sea
Sin predicción precisa de adivino:
5   Vital incertidumbre. Sale el sol.

2

...Y tras de un largo sueño florecía
Con una hermosa plenitud de mozo.
¡Buen despertar! No vano su alborozo.
A un alma iluminaba la alegría.

3

El pensamiento evita las concretas
Figuraciones de la sepultura.
La muerte es un proceso desastroso
Que sin horror no puede imaginarse.
5   ¿Y para qué las danzas de esqueletos
Si la mera abstracción es suficiente?

4

¿Es triste envejecer? "De senectute",
Circunloquios, argucias y floreos
Se desviven negando la evidencia:

Esta limitación que, silenciosa,
5   Nos reduce su círculo y se impone
Como el menos cruel de los finales,
Esta conciencia del final... Los días,
Oscuros o radiantes, nos sitúan
Como un espectador, actor a veces,
10   Junto a los ríos que nos enamoran.

5

Viejo, viejo, viejo.
Alegres los ojos,
Ávido el deseo.

Viejo, viejo, viejo.
5   Ligeras las barbas
Y sabios los huesos.

Viejo, viejo, viejo.
Parlanchín aún
Cerca del silencio,

10   Final.

Y otros poemas, 1973.

YA SE ACORTAN LAS TARDES

Ya se acortan las tardes, ya el poniente
Nos descubre los más hermosos cielos,
Maya sobre las apariencias velos
Pone, dispone, claros a la mente.

5   Ningún engaño en sombra ni en penumbra,
Que a los ojos encantan con matices
Fugitivos, instantes muy felices
De pasar frente al sol que los alumbra.

Nos seduce este cielo de tal vida,
10   El curso de la gran Naturaleza
Que acorta la jornada, no perdida
Si hacia la luz erguimos la cabeza.

Siempre ayuda la calma de esta hora,
Lenta en su inclinación hasta lo oscuro,
15   Y se percibe un ritmo sobre el muro
Que postrero fulgor ahora dora.

Este poniente sin melancolía
Nos sume en el gran orden que nos salva,
Preparación para alcanzar el alba,
20   También serena aunque mortal el día.

Final, 1982.

INFERNO

Ma tu perché ritorni a tanta noia?
Dice Virgilio a Dante, "Inferno", I, 76.

Los destructores siempre van delante,
Cada día con más poder y saña,
Sin enemigo ya que los espante.
Triunfa el secuestro con olor de hazaña,
5   Que pone en haz la hez del bicho humano.
Ni el más iluso al fin la historia engaña.
El infierno al alcance de la mano.

Final, 1982.

JOSÉ BERGAMÍN

(Madrid, 1895 - San Sebastián, 1983)

ESTUDIÓ Derecho y participó en la vida literaria
madrileña. Fundador y director de *Cruz y Raya*, revista
crucial del pensamiento y la literatura desde 1933 a
1936, fue uno de los intelectuales más destacados de la
República. Su peculiar posición ideológica y literaria,
situado entre el clasicismo y la vanguardia, su pensa-
miento católico de carácter paradójico e integrador, le
dan un carácter propio. Fue ensayista brillante y autor
de libros de aforismos (*El cohete y la estrella*, 1923).
Partidario de la República, estuvo en el exilio en varios
países de América y en Francia. Regresó definitiva-
mente a España en 1970. Dedicado sobre todo a la prosa
(y ocasionalmente al teatro), publicó tarde su poesía en
volumen (1962-1982), reunida en *Poesía*, I-VI. (Madrid,
Turner, 1983.)

Escucho con los ojos el latido
de la luz, que en aire transparenta
el corazón del cielo y aposenta
en su inaudita música el sentido.

5   Maravillosamente suspendido,
el ánimo arrebata la violenta
explosión, que el otoño representa
en teatral incendio convertido.

Las llamas, extasiando sus fulgores
10   en la hilera de chopos, los despoja
del oro de sus rayos heridores:

pasando, traspasando, hoja por hoja,
su lumbre con tan vivos resplandores
para que el sol que muere los recoja.

Poesía I. *Sonetos,* 1983.

Cuántas veces, huyendo de la muerte,
escuchabas sus pasos en tu sueño,
y al despertar, llenabas con palabras
el vacío errabundo de sus ecos.

5   Cuántas veces, creyendo que soñabas,
te aprisionó la muerte en su desvelo,
apagando en su sombra tus palabras
y la voz de tu sangre en su silencio.

Poesía I. *Rimas,* 1956-1962.

Cuando canta el ruiseñor
todo en la noche se queda
prisionero de su voz.

Como si su canto fuera
5   eco en nuestro corazón
del que callan las estrellas.

Poesía III. *Apartada orilla,* 1976.

GERARDO DIEGO

(Santander, 1896 - Madrid, 1987)

CATEDRÁTICO de enseñanza media en los institutos
de Soria, Gijón y Madrid (Beatriz Galindo), fue uno de
los más variados y fecundos poetas de su generación.
Premio Nacional de poesía en 1925, junto con Alberti.
Esta obra poética se mueve entre los polos que él ha
señalado: poesía relativa, ocasional, de circunstancias,
con una tendencia clasicista que produce sonetos
memorables, y otra absoluta, "de creación", a partir de
la influencia del poeta chileno Huidobro y de la amistad
con Larrea. De la primera: *Versos humanos* (1925),
Ángeles de Compostela (1940), *Alondra de verdad*
(1941); de la segunda: *Imagen* (1922), *Manual de espu-
mas* (1924), *Poemas adrede* (1932). Importa destacar su
labor como animador poético, con las revistas genera-
cionales *Carmen* y *Lola*, y la *Antología* de 1932 ya
comentada.

Obras Completas. Vols. I y II. Preparada por Gerardo
Diego y ed. de Francisco J. Díez de Revenga. Madrid,
Aguilar, 1989. *Manual de espumas. Versos humanos.*
Ed. de Milagros Arizmendi. Madrid, Cátedra, 1986.
Alondra de verdad. Ángeles de Compostela. Ed. de
Francisco J. Díez de Revenga. Madrid, Castalia, 1985.

ROMANCE DEL DUERO

Río Duero, río Duero,
nadie a acompañarte baja,
nadie se detiene a oír
tu eterna estrofa de agua.

5   Indiferente o cobarde,
la ciudad vuelve la espalda.
No quiere ver en tu espejo
su muralla desdentada.

Tú, viejo Duero, sonríes
10   entre tus barbas de plata,
moliendo con tus romances
las cosechas mal logradas.

Y entre los santos de piedra
y los álamos de magia
15   pasas llevando en tus ondas
palabras de amor, palabras.

Quién pudiera como tú,
a la vez quieto y en marcha,
cantar siempre el mismo verso,
20   pero con distinta agua.

Río Duero, río Duero,
nadie a estar contigo baja,
ya nadie quiere atender
tu eterna estrofa olvidada,

25   sino los enamorados
que preguntan por sus almas
y siembran en tus espumas
palabras de amor, palabras.

Soria, 1923.

ÁNGELUS

A Antonio Machado.

Sentado en el columpio
el ángelus dormita

Enmudecen los astros y los frutos

Y los hombres heridos
5   pasean sus surtidores
como delfines líricos
                    Otros más agobiados
                    con los ríos al hombro
                    peregrinan sin llamar en las posadas

10   La   vida   es   un   único   verso   interminable

            Nadie   llegó   a   su   fin

        Nadie sabe que el cielo es un jardín

        Olvido.

            El ángelus ha fallecido

15   Con la guadaña ensangrentada
        un segador cantando se alejaba

                              Imagen, 1922.

ESTÉTICA

A Manuel de Falla.[1]

Estribillo   Estribillo   Estribillo
El canto más perfecto es el canto del grillo

Paso a paso
se asciende hasta el Parnaso
Yo no quiero las alas de Pegaso

5   Dejadme auscultar
el friso sonoro que fluye la fuente

Los palillos de mis dedos
repiquetean ritmos ritmos ritmos
en el tamboril del cerebro

10   Estribillo   Estribillo   Estribillo
El canto más perfecto es el canto del grillo

Imagen, 1922.

[1] *Manuel de Falla* (1876-1946). Compositor español, nacido en Cádiz y muerto en Argentina. Su obra —de cámara, sinfónica, vocal y operística— representa la elevación de la tradición musical española a la más alta expresión artística y la integración de las innovaciones (tímbricas y armónicas) de las primeras décadas del siglo (impresionismo musical, politonalismo, etc.).

AZUCENAS EN CAMISA

A Fernando Villalón.[2]

Venid a oír de rosas y azucenas
        la alborotada esbelta risa
Venid a ver las rosas sin cadenas
        las azucenas en camisa

5   Venid las amazonas del instinto
        los caballeros sin espuelas
aquí al jardín injerto en laberinto
        de girasoles y de bielas

Una música en níquel sustentada
10   cabellos curvos peina urgente
y hay sólo una mejilla acelerada
        y una oropéndola que miente

Agria sazón la del febril minuto
        todo picado de favores
15   cuando al jazmín le recomienda el luto
        un ruiseñor de ruiseñores

Cuando el que vuelve de silbar a solas
        el vals de "Ya no más me muero"
comienza a perseguir por las corolas
20   la certidumbre del sombrero

No amigos míos Vuelva la armonía
        y el bienestar de los claveles

[2]   *Fernando Villalón.* Ganadero y poeta sevillano. (Véase su presentación y poemas en esta *Antología.*) Ofrece este poema un buen ejemplo de la imaginería vanguardista de Gerardo Diego.

Mi corazón amigos fue algún día
tierno galope de corceles

25   Quiero vivir La vida es nuevo estilo
grifo de amor grifo de llanto
Girafa del vivir Tu cuello en vilo
yo te estimulo y te levanto

Pasad jinetes leves de la aurora
30   hacia un oeste de violetas
Lejos de mí la trompa engañadora
y al ralantí vuestras corvetas

Tornan las nubes a extremar sus bordes
más cada día decisivos
35   y a su contacto puéblanse de acordes
los dulces nervios electivos

Rozan mis manos dádivas agudas
lunas calientes y dichosas
Sabed que desde hoy andan desnudas
40   las azucenas y las rosas

Poemas adrede, 1926-1941.

EL CIPRÉS DE SILOS

A Ángel del Río. [3]

Enhiesto surtidor de sombra y sueño
que acongojas el cielo con tu lanza.
Chorro que a las estrellas casi alcanza
devanado a sí mismo en loco empeño.

5   Mástil de soledad, prodigio isleño;
flecha de fe, saeta de esperanza.
Hoy llegó a ti, riberas del Arlanza,
peregrina al azar, mi alma sin dueño.

Cuando te vi, señero, dulce, firme,
10 qué ansiedades sentí de diluirme
y ascender como tú, vuelto en cristales,

como tú, negra torre de arduos filos,
ejemplo de delirios verticales,
mudo ciprés en el fervor de Silos.

Versos humanos, 1925.

[3] *Ángel del Río* (1901-1962). Profesor, crítico literario, nacido en Soria y que desarrolló su labor en Estados Unidos, especialmente en la Universidad de Columbia, amigo de muchos poetas (León Felipe, Lorca...). Son relevantes su *Historia de la literatura española* y su *Antología general de la literatura española*.

INSOMNIO

Tú y tu desnudo sueño. No lo sabes.
Duermes. No. No lo sabes. Yo en desvelo,
y tú, inocente, duermes bajo el cielo.
Tú por tu sueño y por el mar las naves.

5   En cárceles de espacio, aéreas llaves
te me encierran, recluyen, roban. Hielo,
cristal de aire en mil hojas. No. No hay vuelo
que alce hasta ti las alas de mis aves.

Saber que duermes tú, cierta, segura
10   —cauce fiel de abandono, línea pura—,
tan cerca de mis brazos maniatados.

Qué pavorosa esclavitud de isleño,
yo insomne, loco, en los acantilados,
las naves por el mar, tú por tu sueño.

Alondra de verdad, 1941.

Vicente Aleixandre, Luis Cernuda y Federico García Lorca.

Poetas de la generación de 1927: de izquierda a derecha, Rafael Alberti, Federico García Lorca, Juan Chabás, Mauricio Bacarisse, José María Platero, Blasco Garzón (presidente del Ateneo), Jorge Guillén, José Bergamín, Dámaso Alonso y Gerardo Diego.

Ateneo de Sevilla, diciembre 1927.

CUMBRE DE URBIÓN

A Joaquín Gómez de Llarena.

Es la cumbre, por fin, la última cumbre.
Y mis ojos en torno hacen la ronda
y cantan el perfil, a la redonda,
de media España y su fanal de lumbre.

5   Leve es la tierra. Toda pesadumbre
se desvanece en cenital rotonda.
Y al beso y tacto de infinita onda
duermen sierras y valles su costumbre.

Geología yacente, sin más huellas
10   que una nostalgia trémula de aquellas
palmas de Dios palpando su relieve.

Pero algo, Urbión, no duerme en tu nevero,
que entre pañales de tu virgen nieve
sin cesar nace y llora el niño Duero.

Alondra de verdad, 1941.

TORERILLO EN TRIANA

Torerillo en Triana
frente a Sevilla.
Cántale a la Sultana
tu seguidilla.

* * *

5 Sultana de mis penas
y mi esperanza.
Plaza de las Arenas
de la Maestranza.

Arenas amarillas,
10 palcos de oro.
Quién viera a las mulillas
llevarme el toro.

Relumbrar de faroles
por mí encendidos.
15 Y un estallido de oles
en los tendidos.

Arenal de Sevilla,
Torre del Oro.
Azulejo a la orilla
20 del río moro.

Azulejo bermejo,
sol de la tarde.
No mientas, azulejo,
que soy cobarde.

25 Guadalquivir tan verde
de aceite antiguo.
Si el barquero me pierde
yo me santiguo.

La puente no la paso,
30   no la atravieso.
Envuelto en oro y raso
no se hace eso.

Ay, río de Triana,
muerto entre luces,
35   no embarca la chalana[4]
los andaluces.

Ay, río de Sevilla,
quién te cruzase
sin que mi zapatilla
40   se me mojase

Zapatilla escotada
para el estribo.
Media rosa estirada
y alamar vivo.

45   Tabaco y oro. Faja
salmón. Montera.
Tirilla verde baja
por la chorrera.

Capote de paseo.
50   Seda amarilla.
Prieta para el toreo
la taleguilla.

La verónica cruje.
Suenan caireles.
55   Que nadie la dibuje.
Fuera pinceles.

---

[4] *Chalana*. Embarcación de fondo plano, proa aguda y popa cuadrada, que se usa para el transporte en aguas de poco calado.

Banderillas al quiebro.
  Cose el miura
el arco que le enhebro
60   con la cintura.

Torneados en rueda
  tres naturales.
Y una hélice de seda
  con arrabales.

65   Me perfilo. La espada.
  Los dedos mojo.
Abanico y mirada.
  Clavel y antojo.

En hombros por tu orilla,
70   Torre del Oro.
En tu azulejo brilla
  sangre de toro.

Si salgo en la Maestranza,
  te bordo un manto,
75   Virgen de la Esperanza,
  De Viernes Santo.

* * *

Adiós, torero nuevo,
  Triana y Servilla,
que a Sanlúcar me llevo
80   tu seguidilla.

La suerte o la muerte, 1963.

FEDERICO GARCÍA LORCA

(Fuentevaqueros, Granada, 1898 - Víznar, Granada, 1936)

N A C I D O en una familia de acomodados terratenien-
tes, pudo desarrollar la temprana vocación literaria que
le llevó a cultivar con gran éxito la poesía y el teatro. Su
Andalucía trágica y mítica le ha dado un conocimiento
popular que oculta a veces su amplitud y variedad lírica
desde *Libro de poemas* (1921), cerca de Juan Ramón y
el modernismo, *Canciones* (1927), *Primer Romancero
gitano* (1928) y *Poema del cante jondo* (1931), hasta la
Oda al Santísimo Sacramento (1929), *Llanto por Ignacio
Sánchez Mejías* (1935) y los libros publicados póstumos
Poeta en Nueva York, *Diván de Tamarit* , además de los
"Sonetos del amor oscuro" de los años posteriores a
1930. Crucial para su vida y su poesía resultó la estancia
de unos meses en Nueva York y Cuba, a partir de 1929.
Su muerte violenta y trágica al comienzo de la guerra ha
destacado también su figura, que desborda la literatura
escrita, ya que fue centro de la actividad vital y las rela-
ciones de los poetas del 27 en la Residencia de Estu-
diantes. Fue igualmente reconocido como dramaturgo
desde *Mariana Pineda* (1927), *Bodas de sangre* (1933),
Yerma (1934), *Doña Rosita la soltera* (1936) y *La casa de
Bernarda Alba* (1936).
    Obras Completas. 3 Vols. Pról. Jorge Guillén. Madrid,
Aguilar, 1993 (24ª). *Primer Romancero Gitano* y *Llanto
por Ignacio Sánchez Mejías*. Ed. de Miguel García
Posada. Madrid, Castalia, 1988. Edición de sus obras en
volúmenes sueltos en Alianza Editorial (a cargo de Mario
Hernández) y en Akal (a cargo de M. García Posada.)

BALADILLA
DE LOS TRES RÍOS

El río Guadalquivir
va entre naranjos y olivos.
Los dos ríos de Granada
bajan de la nieve al trigo.

5   *¡Ay, amor*
     que se fue y no vino!

El Río Guadalquivir
tiene las barbas granates.
Los dos ríos de Granada
10   uno llanto y otro sangre.

     ¡Ay, amor
     que se fue por el aire!

Para los barcos de vela,
Sevilla tiene un camino;
15   por el agua de Granada
sólo reman los suspiros.

     ¡Ay, amor
     que se fue y no vino!

Guadalquivir, alta torre
20   y viento en los naranjales.
Dauro y Genil, torrecillas
muertas sobre los estanques.

     ¡Ay, amor
     que se fue por el aire!

25   ¡Quién dirá que el agua lleva
un fuego fatuo de gritos!

¡Ay, amor
que se fue y no vino!

Lleva azahar, lleva olivas,
30 Andalucía, a tus mares.

¡Ay, amor
que se fue por el aire!

Poema del cante jondo, 1921.

MUERTE
DE LA PETENERA

En la casa blanca muere
la perdición de los hombres.

Cien jacas caracolean.
Sus jinetes están muertos.

5   Bajo las estremecidas
estrellas de los velones,
su falda de moaré tiembla
entre sus muslos de cobre.

Cien jacas caracolean.
10   *Sus jinetes están muertos.*

Largas sombras afiladas
vienen del turbio horizonte,
y el bordón de una guitarra
se rompe.

15   *Cien jacas caracolean.*
Sus jinetes están muertos.

Poema del cante jondo, 1921.

CANCIÓN DE JINETE

Córdoba.
Lejana y sola.

Jaca negra, luna grande,
y aceitunas en mi alforja.
5   Aunque sepa los caminos
yo nunca llegaré a Córdoba.

Por el llano, por el viento,
jaca negra, luna roja.
La muerte me está mirando
10   desde las torres de Córdoba.

¡Ay qué camino tan largo!
¡Ay mi jaca valerosa!
¡Ay que la muerte me espera,
antes de llegar a Córdoba!

15   Córdoba.
Lejana y sola.

Canciones, 1927.

Arbolé arbolé
seco y verdé.

La niña del bello rostro
está cogiendo aceituna.
5   El viento, galán de torres,
la prende por la cintura.
Pasaron cuatro jinetes,
sobre jacas andaluzas
con trajes de azul y verde,
10   con largas capas obscuras.
"Vente a Córdoba, muchacha."
La niña no los escucha.
Pasaron tres torerillos
delgaditos de cintura,
15   con trajes color naranja
y espadas de plata antigua.
"Vente a Sevilla, muchacha."
La niña no los escucha.
Cuando la tarde se puso
20   morada, con luz difusa,
pasó un joven que llevaba
rosas y mirtos de luna.
"Vente a Granada, muchacha."
Y la niña no lo escucha.
25   La niña del bello rostro
sigue cogiendo aceituna,
con el brazo gris del viento
ceñido por la cintura.

Arbolé arbolé
30   seco y verdé.

Canciones, 1927.

ROMANCE
DE LA LUNA, LUNA

A Conchita García Lorca.[1]

La luna vino a la fragua
con su polisón de nardos.
El niño la mira, mira.
El niño la está mirando.
5 En el aire conmovido
mueve la luna sus brazos
y enseña, lúbrica y pura,
sus senos de duro estaño.
Huye luna, luna, luna.
10 Si vinieran los gitanos
harían con tu corazón
collares y anillos blancos.
Niño, déjame que baile.
Cuando vengan los gitanos,
15 te encontrarán sobre el yunque
con los ojillos cerrados.
Huye luna, luna, luna,
que ya siento sus caballos.
Niño, déjame, no pises
20 mi blancor almidonado.

El jinete se acercaba
tocando el tambor del llano.
Dentro de la fragua el niño
tiene los ojos cerrados.
25 Por el olivar venían,
bronce y sueño, los gitanos.
Las cabezas levantadas
y los ojos entornados.

[1] *Conchita García Lorca.* Hermana mayor de Federico (1903-1962).

Cómo canta la zumaya,[2]
30   ¡ay, cómo canta en el árbol!
Por el cielo va la luna
con un niño de la mano.

Dentro de la fragua lloran,
dando gritos, los gitanos.
35   El aire la vela, vela.
El aire la está velando.

Romancero gitano, 1928.

[2] *Zumaya.* Autillo. Ave rapaz nocturna, parecida a la lechuza, de mayor tamaño y color pardo rojizo.

ROMANCE SONÁMBULO

A Gloria Giner
y a Fernando de los Ríos. [3]

Verde que te quiero verde.
Verde viento. Verdes ramas.
El barco sobre la mar
y el caballo en la montaña.
5   Con la sombra en la cintura,
ella sueña en su baranda,
verde carne, pelo verde,
con ojos de fría plata.
Verde que te quiero verde.
10   Bajo la luna gitana,
las cosas la están mirando
y ella no puede mirarlas.

Verde que te quiero verde.
Grandes estrellas de escarcha
15   vienen con el pez de sombra
que abre el camino del alba.
La higuera frota su viento
con la lija de sus ramas,
y el monte, gato garduño,
20   eriza sus pitas agrias.
¿Pero quién vendrá? ¿Y por dónde...?
Ella sigue en su baranda,
verde carne, pelo verde,
soñando en la mar amarga.

---

[3] *Fernando de los Ríos.* (1879-1949) Casado con Gloria
Giner, fue catedrático de Derecho político en Granada, krau-
sista, político dirigente socialista. Varias veces ministro (de
Justicia, Instrucción Pública y Estado) con la República. Lorca
le consideró su maestro y su ayuda fue importante para la aven-
tura teatral de "La Barraca". Murió exiliado en Nueva York.

25   —Compadre, quiero cambiar
mi caballo por su casa,
mi montura por su espejo,
mi cuchillo por su manta.
Compadre, vengo sangrando,
30 desde los puertos de Cabra.
—Si yo pudiera, mocito,
este trato se cerraba.
Pero yo ya no soy yo,
ni mi casa es ya mi casa.
35 —Compadre, quiero morir
decentemente en mi cama.
De acero, si puede ser,
con las sábanas de holanda.
¿No ves la herida que tengo
40 desde el pecho a la garganta?
—Trescientas rosas morenas
lleva tu pechera blanca.
Tu sangre rezuma y huele
alrededor de tu faja.
45 Pero yo ya no soy yo,
ni mi casa es ya mi casa.
—Dejadme subir al menos
hasta las altas barandas,
¡dejadme subir!, dejadme
50 hasta las verdes barandas.
Barandales de la luna
por donde retumba el agua.

    Ya suben los dos compadres
hacia las altas barandas.
55 Dejando un rastro de sangre.
Dejando un rastro de lágrimas.
Temblaban en los tejados
farolillos de hojalata.
Mil panderos de cristal
60 herían la madrugada.

    Verde que te quiero verde,
verde viento, verdes ramas.

Los dos compadres subieron.
El largo viento, dejaba
65 en la boca un raro gusto
de hiel, de menta y de albahaca.
—¡Compadre! ¿Dónde está, dime,
dónde está tu niña amarga?
—¡Cuántas veces te esperó!
70 ¡Cuántas veces te esperara,
cara fresca, negro pelo,
en esta verde baranda!

Sobre el rostro del aljibe
se mecía la gitana.
75 Verde carne, pelo verde,
con ojos de fría plata.
Un carámbano de luna
la sostiene sobre el agua.
La noche se puso íntima
80 como una pequeña plaza.
Guardias civiles borrachos
en la puerta golpeaban.
Verde que te quiero verde.
Verde viento. Verdes ramas.
85 El barco sobre la mar.
Y el caballo en la montaña.

Romancero gitano, 1928.

MUERTE
DE ANTOÑITO EL CAMBORIO

A José Antonio Rubio Sacristán.[4]

Voces de muerte sonaron
cerca del Guadalquivir.
Voces antiguas que cercan
voz de clavel varonil.
5   Les clavó sobre las botas
mordiscos de jabalí.
En la lucha daba saltos
jabonados de delfín.
Bañó con sangre enemiga
10   su corbata carmesí,
pero eran cuatro puñales
y tuvo que sucumbir.
Cuando las estrellas clavan
rejones al agua gris,
15   cuando los erales sueñan
verónicas de alhelí,
voces de muerte sonaron
cerca del Guadalquivir.

—Antonio Torres Heredia,
20   Camborio de dura crin,
moreno de verde luna,
voz de clavel varonil:
¿Quién te ha quitado la vida
cerca del Guadalquivir?
25   —Mis cuatro primos Heredias,
hijos de Benamejí.

[4] *José A. Rubio Sacristán.* Huésped de la Residencia de Estudiantes, donde coincidió con Lorca, y posteriormente profesor de Derecho.

Lo que en otros no envidiaban,
ya lo envidiaban en mí.
Zapatos color corinto,
30   medallones de marfil,
y este cutis amasado
con aceituna y jazmín.
—¡Ay, Antoñito el Camborio
digno de una Emperatriz!
35   Acuérdate de la Virgen
porque te vas a morir.
—¡Ay, Federico García,
llama a la Guardia Civil!
Ya mi talle se ha quebrado
40   como caña de maíz.

      Tres golpes de sangre tuvo,
y se murió de perfil.
Viva moneda que nunca
se volverá a repetir.
45   Un ángel marchoso pone
su cabeza en un cojín.
Otros de rubor cansado
encendieron un candil.
Y cuando los cuatro primos
50   llegan a Benamejí,
voces de muerte cesaron
cerca del Guadalquivir.

Romancero gitano, 1928.

CIUDAD SIN SUEÑO

(NOCTURNO DEL BROOKLYN BRIDGE)

No duerme nadie por el cielo.
Nadie, nadie.
No duerme nadie.
Las criaturas de la luna
5 huelen y rondan las cabañas.
Vendrán las iguanas vivas
a morder a los hombres que no sueñan
y el que huye con el corazón roto
encontrará por las esquinas
10 al increíble cocodrilo quieto
bajo la tierna protesta de los astros.
No duerme nadie por el mundo.
Nadie, nadie.
No duerme nadie.
15 Hay un muerto en el cementerio más lejano
que se queja tres años
porque tiene un paisaje seco en la rodilla
y el niño que enterraron esta mañana lloraba tanto
que hubo necesidad de llamar a los perros para
                                   [que callase.

20 No es sueño la vida. ¡Alerta!
¡Alerta! ¡Alerta!
Nos caemos por las escaleras
para comer la tierra húmeda
o subimos al filo de la nieve
25 con el coro de las dalias muertas.
Pero no hay olvido ni sueño. Carne viva.
Los besos atan las bocas
en una maraña de venas recientes
y al que le duele su dolor le dolerá sin descanso
30 y el que teme la muerte la llevará sobre los
                                   [hombros.
Un día
los caballos vivirán en las tabernas

y las hormigas furiosas
atacarán los cielos amarillos
35 que se refugian en los ojos de las vacas.
Otro día
veremos la resurrección de las mariposas disecadas
y aún andando por un paisaje
de esponjas grises y barcos mudos
40 veremos brillar el anillo
y manar rosas de nuestra lengua.

¡Alerta! ¡Alerta! ¡Alerta,
a los que guardan todavía
huellas de zarpa y aguacero!

45 Aquel muchacho que llora
porque no sabe la invención del puente
o aquel muerto que ya no tiene
más que la cabeza y un zapato,
hay que llevarlos al muro
50 donde iguanas y sierpes esperan,
donde espera la dentadura del oso,
donde espera la mano del niño
y la piel del camello se eriza
con un violento escalofrío azul.
55 No duerme nadie por el cielo.
Nadie, nadie.
No duerme nadie.
Pero si alguien cierra los ojos,
¡azotadlo, hijos míos! ¡azotadlo!
60 Haya un panorama de ojos abiertos
y amargas llagas encendidas.
No duerme nadie por el mundo.
Nadie. Nadie. Ya lo he dicho.
No duerme nadie.
65 Pero si alguien tiene por la noche
exceso de musgo en las sienes,
abrid los escotillones para que vea bajo la luna
las copas falsas, el veneno y la calavera de los
                                            [teatros.

Poeta en Nueva York, 1940.

POEMA DOBLE DEL LAGO EDEN

Nuestro ganado pace, el viento espira.
GARCILASO

Era mi voz antigua,
ignorante de los densos jugos amargos,
la que vino lamiendo mis pies
sobre los frágiles helechos mojados.

5 ¡Ay mi voz antigua de mi amor!
¡Ay mi voz de mi verdad! Voz de mi abierto
[costado,
cuando todas las rosas brotaban de mi lengua
y el césped no conocía la impasible dentadura del
[caballo.

¡Ay voz antigua que todos tenemos,
10 pero que todos olvidamos
sobre el hombro de la hora, en las últimas
[expresiones,
en los espejos de los otros o en el juego del tiro al
[blanco!

Estás aquí bebiendo mi sangre
bebiendo mi amor de niño pasado
15 mientras mis ojos se quiebran en el viento
con el aluminio y las voces de los soldados.

Déjame salir por la puerta cerrada
donde Eva come hormigas
y Adán fecunda peces deslumbrados.
20 Déjame salir, hombrecillo de los cuernos,
al bosque de los desperezos y de los alegrísimos
[saltos.

Yo sé el uso más secreto
que tiene un viejo alfiler oxidado
y sé el horror de unos ojos despiertos
25 sobre la superficie concreta del plato.

Pero no quiero mundo ni sueño, voz divina,
quiero mi libertad. Mi amor humano,
en el rincón más oscuro de la brisa que nadie
                                    [quiera.
Mi amor humano.

30 Esos perros marinos se persiguen
y el viento acecha troncos descuidados.
¡Ay, voz antigua, quema con tu lengua
esta voz de hojalata y de talco!

Quiero llorar porque me da la gana,
35 como lloran los niños del último banco,
porque yo no soy un poeta, ni un hombre, ni una
                                    [hoja,
pero sí un pulso herido que ronda las cosas del
                                    [otro lado.

Quiero llorar diciendo mi nombre,
—rosa, niña y abeto—, a la orilla de este lago,
40 para decir mi verdad de hombre de sangre
matando en mí la burla y la sugestión del vocablo.

No. No. Yo no pregunto. Yo deseo.
Voz mía libertada que me lames las manos.
En el laberinto de biombos es mi desnudo el que
                                    [recibe
45 la luna de castigo y el reloj encenizado.

Aquí me quedo solo, hombrecillo de la cresta,
con la voz que es mi hijo. Esperando
no la vuelta al rubor y el primer gusto de alcoba
pero sí mi moneda de sangre que entre todos me
                                    [habéis quitado.

50 Así hablaba yo cuando Saturno detuvo los trenes
y la bruma y el sueño y la muerte me estaban
[buscando,
me estaban buscando
allí donde mugen las vacas que tienen rojas patitas
[de paje
y allí donde flota mi cuerpo sobre los equilibrios
[contrarios.

Poeta en Nueva York, 1940.

LLANTO
POR IGNACIO SÁNCHEZ MEJÍAS [5]

1

LA COGIDA Y LA MUERTE

A las cinco de la tarde.
Eran las cinco en punto de la tarde.
Un niño trajo la blanca sábana
a las cinco de la tarde.
5   Una espuerta de cal ya prevenida
a las cinco de la tarde.
Lo demás era muerte y sólo muerte
a las cinco de la tarde.

El viento se llevó los algodones
10   *a las cinco de la tarde.*
Y el óxido sembró cristal y níquel
a las cinco de la tarde.
Ya luchan la paloma y el leopardo
a las cinco de la tarde.
15   Y un muslo con un asta desolada
a las cinco de la tarde.
Comenzaron los sones de bordón
a las cinco de la tarde.
Las campanas de arsénico y el humo
20   *a las cinco de la tarde.*
En las esquinas grupos de silencio
a las cinco de la tarde.

[5] *Llanto por Ignacio Sánchez Mejías.* Incluimos dos de las cuatro partes que forman esta Elegía. Sánchez Mejías nació en Sevilla en 1891 y murió en Madrid el 13 de agosto de 1934, por la herida que le causó el toro *Granadino*, de Ayala, en la plaza de Manzanares. Fue torero de gran valor, amigo de los poetas del 27 (Alberti, Bergamín, Miguel Hernández escribieron también sobre su muerte) y escritor él mismo de obras dramáticas.

¡Y el toro solo corazón arriba!
a las cinco de la tarde.
25   Cuando el sudor de nieve fue llegando
a las cinco de la tarde,
cuando la plaza se cubrió de yodo
a las cinco de la tarde,
la muerte puso huevos en la herida
30   *a las cinco de la tarde.*
A las cinco de la tarde.
A las cinco en punto de la tarde.

Un ataúd con ruedas es la cama
a las cinco de tarde.
35   Huesos y flautas suenan en su oído
a las cinco de la tarde.
El toro ya mugía por su frente
a las cinco de la tarde.
El cuarto se irisaba de agonía
40   *a las cinco de la tarde.*
A lo lejos ya viene la gangrena
a las cinco de la tarde.
Trompa de lirio por las verdes ingles
a las cinco de la tarde.
45   Las heridas quemaban como soles
a las cinco de la tarde,
y el gentío rompía las ventanas
a las cinco de la tarde.
A las cinco de la tarde.
50   ¡Ay qué terribles cinco de la tarde!
¡Eran las cinco en todos los relojes!
¡Eran las cinco en sombra de la tarde!

3
CUERPO PRESENTE

La piedra es una frente donde los sueños gimen
sin tener agua curva ni cipreses helados.
La piedra es una espalda para llevar al tiempo
con árboles de lágrimas y cintas y planetas.

5   Yo he visto lluvias grises correr hacia las olas
    levantando sus tiernos brazos acribillados,
    para no ser cazadas por la piedra tendida
    que desata sus miembros sin empapar la sangre.

    Porque la piedra coge simientes y nublados,
10 esqueletos de alondras y lobos de penumbra;
    pero no da sonidos, ni cristales, ni fuego,
    sino plazas y plazas y otra plaza sin muros.

    Ya está sobre la piedra Ignacio el bien nacido.
    Ya se acabó. ¡Qué pasa! ¡Contemplad su figura!
15 La muerte lo ha cubierto de pálidos azufres
    y le ha puesto cabeza de oscuro minotauro.

    Ya se acabó. La lluvia penetra por su boca.
    El aire como loco deja su pecho hundido,
    y el Amor, empapado con lágrimas de nieve,
20 se calienta en la cumbre de las ganaderías.

    ¿Qué dicen? Un silencio con hedores reposa.
    Estamos con un cuerpo presente que se esfuma,
    con una forma clara que tuvo ruiseñores
    y la vemos llenarse de agujeros sin fondo.

25 ¿Quién arruga el sudario? ¡No es verdad lo que dice!
    Aquí no canta nadie, ni llora en el rincón,
    ni pica las espuelas, ni espanta la serpiente:
    aquí no quiero más que los ojos redondos
    para ver ese cuerpo sin posible descanso.

30 Yo quiero ver aquí los hombres de voz dura.
    Los que doman caballos y dominan los ríos:
    los hombres que les suena el esqueleto y cantan
    con una boca llena de sol y pedernales.

    Aquí quiero yo verlos. Delante de la piedra.
35 Delante de este cuerpo con las riendas quebradas.
    Yo quiero que me enseñen dónde está la salida
    para este capitán atado por la muerte.

Yo quiero que me enseñen un llanto como un río
que tenga dulces nieblas y profundas orillas,
40   para llevar el cuerpo de Ignacio y que se pierda
sin escuchar el doble resuello de los toros.

Que se pierda en la plaza redonda de la luna
que finge cuando niña doliente res inmóvil;
que se pierda en la noche sin canto de los peces
45   y en la maleza blanca del humo congelado.

No quiero que le tapen la cara con pañuelos
para que se acostumbre con la muerte que lleva.
Vete, Ignacio: No sientas el caliente bramido.
Duerme, vuela, reposa: ¡También se muere el mar!

Llanto por Ignacio Sánchez Mejías, 1935.

GACELA PRIMERA
DEL AMOR IMPREVISTO

Nadie comprendía el perfume
de la oscura magnolia de tu vientre.
Nadie sabía que martirizabas
un colibrí de amor entre los dientes.

5   Mil caballitos persas se dormían
en la plaza con luna de tu frente,
mientras que yo enlazaba cuatro noches
tu cintura, enemiga de la nieve.

Entre yeso y jazmines, tu mirada
10   era un pálido ramo de simientes.
Yo busqué, para darte, por mi pecho
las letras de marfil que dicen *siempre*.

Siempre, siempre: jardín de mi agonía,
tu cuerpo fugitivo para siempre,
15   la sangre de tus venas en mi boca,
tu boca ya sin luz para mi muerte.

Diván de Tamarit (1936), 1954.

GACELA VIII
DE LA MUERTE OSCURA

Quiero dormir el sueño de las manzanas,
alejarme del tumulto de los cementerios.
Quiero dormir el sueño de aquel niño
que quería cortarse el corazón en alta mar.
5   No quiero que me repitan que los muertos no
[pierden la sangre;
que la boca podrida sigue pidiendo agua.
No quiero enterarme de los martirios que da la
[hierba,
ni de la luna con boca de serpiente
que trabaja antes del amanecer.

10   Quiero dormir un rato,
un rato, un minuto, un siglo;
pero que todos sepan que no he muerto;
que hay un establo de oro en mis labios;
que soy el pequeño amigo del viento Oeste;
15   que soy la sombra inmensa de mis lágrimas.

Cúbreme por la aurora con un velo
porque me arrojará puñados de hormigas,
y moja con agua dura mis zapatos
para que resbale la pinza de su alacrán.
20   Porque quiero dormir el sueño de las manzanas
para aprender un llanto que me limpie de tierra;
porque quiero vivir con aquel niño oscuro
que quería cortarse el corazón en alta mar.

Diván de Tamarit (1936), 1954.

LLAGAS DE AMOR

Esta luz, este fuego que devora.
Este paisaje gris que me rodea.
Este dolor por una sola idea.
Esta angustia de cielo, mundo, y hora.

5   Este llanto de sangre que decora
lira sin pulso ya, lúbrica tea.
Este peso del mar que me golpea.
Este alacrán que por mi pecho mora.

Son guirnalda de amor, cama de herido,
10   donde sin sueño, sueño tu presencia
entre las ruinas de mi pecho hundido;

Y aunque busco la cumbre de prudencia
me da tu corazón valle tendido
con cicuta y pasión de amarga ciencia.

Sonetos del amor oscuro
(1935-1936), 1984.

VICENTE ALEIXANDRE

(Sevilla, 1898 - Madrid, 1984)

VIVIÓ en Málaga su infancia y desde los 17 años en Madrid. Estudios de Comercio y Derecho, de que fue profesor. Enfermo una gran parte de su vida, se dedicó a escribir y, después de la guerra, su casa se convirtió en el centro de influencia de la poesía española. Es en su propia obra uno de los poetas más originales, completos y difíciles de su generación, con permanente influjo del surrealismo. En su primera poesía destaca el canto al amor cósmico: *Espadas como labios*, 1932; *Pasión de la tierra*, *La destrucción o el amor*, 1935; después de la guerra civil introduce un elemento de historia y anécdota, con la transición de *Sombra del paraíso* (1944) y, después, *Historia del corazón* (1954). Finalmente, su poesía sapiencial de senectud: *Poemas de la consumación* (1968) y *Diálogos del conocimiento* (1974). Recibió el Premio Nobel en 1977.

Obras Completas. Ed. de Carlos Bousoño. Madrid, Aguilar, 1968. *Espadas como labios* y *La destrucción o el amor*. Ed. de José Luis Cano. Madrid, Castalia, 1972. *Pasión de la tierra*. Ed. de Gabrielle Morelli. Madrid, Cátedra, 1987. *Sombra del paraíso*. Ed. de Leopoldo de Luis. Madrid, Castalia, 1977.

EL VALS

Eres hermosa como la piedra,
oh difunta;
oh viva, oh viva, eres dichosa como la nave.
Esta orquesta que agita
5   mis cuidados como una negligencia,
como un elegante biendecir de buen tono,
ignora el vello de los pubis,
ignora la risa que sale del esternón como una
                           [gran batuta.

Unas olas de afrecho,
10   un poco de serrín en los ojos
o si acaso en las sienes,
o acaso adornando las cabelleras;
unas faldas largas hechas de colas de cocodrilos;
unas lenguas o unas sonrisas hechas con
                       [caparazones de cangrejos.
15   Todo lo que está suficientemente visto
no puede sorprender a nadie.

Las damas aguardan su momento sentadas
                       [sobre una lágrima,
disimulando la humedad a fuerza de abanico
                       [insistente.
Y los caballeros abandonados de sus traseros
20   quieren atraer todas las miradas a la fuerza hacia
                       [sus bigotes.

Pero el vals ha llegado.
Es una playa sin ondas,
es un entrechocar de conchas, de tacones, de
                 [espumas o de dentaduras postizas.
Es todo lo revuelto que arriba.

25   Pechos exuberantes en bandeja en los brazos,
dulces tartas caídas sobre los hombros llorosos,

una languidez que revierte,
un beso sorprendido en el instante que se hacía
                              ["cabello de ángel",
un dulce "sí" de cristal pintado de verde.

30   Un polvillo de azúcar sobre las frentes
da una blancura cándida a las palabras limadas,
y las manos se acortan más redondeadas que
                              [nunca,
mientras fruncen los vestidos hechos de esparto
                              [querido.

Las cabezas son nubes, la música es una larga
                              [goma,
35   las colas de plomo casi vuelan, y el estrépito
se ha convertido en los corazones en oleadas de
                              [sangre,
en un licor, si blanco, que sabe a memoria o a cita.

Adiós, adiós, esmeralda, amatista o misterio;
adiós, como una bola enorme ha llegado el
                              [instante,
40   el preciso momento de la desnudez cabeza abajo,
cuando los vellos van a pinchar los labios obscenos
                              [que saben.

Es el instante, el momento de decir la palabra
                              [que estalla,
el momento en que los vestidos se convertirán en
                              [aves,
las ventanas en gritos,
45   las luces en ¡socorro!
y ese beso que estaba (en el rincón) entre dos
                              [bocas
se convertirá en una espina
que dispensará la muerte diciendo:
Yo os amo.

Espadas como labios, 1932.

EN EL FONDO DEL POZO

(EL ENTERRADO)

Allá en el fondo del pozo donde las florecillas,
donde las lindas margaritas no vacilan,
donde no hay viento o perfume de hombre,
donde jamás el mar impone su amenaza,
5   allí, allí está quedo ese silencio
hecho como un rumor ahogado con un puño.

Si una abeja, si un ave voladora,
si ese error que no se espera nunca
se produce,
10   el frío permanece.
El sueño en vertical hundió la tierra
y ya el aire está libre.

Acaso una voz, una mano, ya suelta,
un impulso hacia arriba aspira a luna,
15   a calma, a tibieza, a ese veneno
de una almohada en la boca que se ahoga.

¡Pero dormir es tan sereno siempre!
Sobre el frío, sobre el hielo, sobre una sombra de
                              [mejilla,
sobre una palabra yerta y, más, ya ida,
20   sobre la misma tierra siempre virgen.

Una tabla en el fondo, oh pozo innúmero,
esa lisura ilustre que comprueba
que una espalda es contacto, es frío seco,
es sueño siempre aunque la frente esté cerrada.

25   Pueden pasar ya nubes. Nadie sabe.
Ese clamor... ¿Existen las campanas?

Recuerdo que el color blanco o las formas,
recuerdo que los labios, sí, hasta hablaban.

Era el tiempo caliente. —Luz, inmólame—
30 Era entonces cuando el relámpago de pronto
quedaba suspendido hecho de hierro.
Tiempo de los suspiros o de adórame,
cuando nunca las aves perdían plumas.

Tiempo de suavidad y permanencia;
35 los galopes no daban en el pecho,
no quedaban los cascos, no eran cera.
Las lágrimas rodaban como besos.
Y en el oído el eco era ya sólido.

Así la eternidad era el minuto.
40 El tiempo sólo una tremenda mano
sobre el cabello largo detenida.

Oh sí, en este hondo silencio o humedades,
bajo las siete capas de cielo azul, yo ignoro
la música cuajada en hielo súbito,
45 la garganta que se derrumba sobre los ojos,
la íntima onda que se anega sobre los labios.

Dormido como una tela
siento crecer la yerba, el verde suave
que inútilmente aguarda ser curvado.
50 Una mano de acero sobre el césped,
un corazón, un juguete olvidado,
un resorte, una lima, un beso, un vidrio.

Una flor de metal que así impasible
chupa de tierra un silencio o memoria.

Espadas como labios, 1932.

UNIDAD EN ELLA

Cuerpo feliz que fluye entre mis manos,
rostro amado donde contemplo el mundo,
donde graciosos pájaros se copian fugitivos,
volando a la región donde nada se olvida.

5   Tu forma externa, diamante o rubí duro,
brillo de un sol que entre mis manos deslumbra,
cráter que me convoca con su música íntima,
con esa indescifrable llamada de tus dientes.

Muero porque me arrojo, porque quiero morir,
10   porque quiero vivir en el fuego, porque este aire
                   [de fuera
no es mío, sino el caliente aliento
que si me acerco quema y dora mis labios desde
                   [un fondo.

Deja, deja que mire, teñido del amor,
enrojecido el rostro por tu purpúrea vida,
15   deja que mire el hondo clamor de tus entrañas
donde muero y renuncio a vivir para siempre.

Quiero amor o la muerte, quiero morir del todo,
quiero ser tú, tu sangre, esa lava rugiente
que regando encerrada bellos miembros extremos
20   siente así los hermosos límites de la vida.

Este beso en tus labios como una lenta espina,
como un mar que voló hecho un espejo,
como el brillo de un ala,
es todavía unas manos, un repasar de tu crujiente
                   [pelo,

25 un crepitar de la luz vengadora,
luz o espada mortal que sobre mi cuello amenaza,
pero que nunca podrá destruir la unidad de este
[mundo.

La destrucción o el amor, 1955

CANCIÓN A UNA MUCHACHA MUERTA

Dime, dime el secreto de tu corazón virgen,
dime el secreto de tu cuerpo bajo tierra,
quiero saber por qué ahora eres un agua,
esas orillas frescas donde unos pies desnudos se
                                [bañan con espuma.

5   Dime por qué sobre tu pelo suelto,
sobre tu dulce hierba acariciada,
cae, resbala, acaricia, se va
un sol ardiente o reposado que te toca
como un viento que lleva sólo un pájaro o mano.

10   Dime por qué tu corazón como una selva
                                [diminuta
espera bajo tierra los imposibles pájaros,
esa canción total que por encima de los ojos
hacen los sueños cuando pasan sin ruido.

Oh tú, canción que a un cuerpo muerto o vivo,
15   que a un ser hermoso que bajo el suelo duerme,
cantas color de piedra, color de beso o labio,
cantas como si el nácar durmiera o respirara.

Esa cintura, ese débil volumen de un pecho
                                [triste,
ese rizo voluble que ignora el viento,
20   esos ojos por donde sólo boga el silencio,
esos dientes que son de marfil resguardado,
ese aire que no mueve unas hojas no verdes...

¡Oh tú, cielo riente que pasas como nube;
oh pájaro feliz que sobre un hombro ríes;
25   fuente que, chorro fresco, te enredas con la luna;
césped blando que pisan unos pies adorados!

La destrucción o el amor, 1935.

LAS ÁGUILAS

El mundo encierra la verdad de la vida,
aunque la sangre mienta melancólicamente
cuando como mar sereno en la tarde
siente arriba el batir de las águilas libres.

5   Las plumas de metal,
las garras poderosas,
ese afán del amor o la muerte,
ese deseo de beber en los ojos con un pico de
[hierro,
de poder al fin besar lo exterior de la tierra,
10   vuela como el deseo,
como las nubes que a nada se oponen,
como el azul radiante, corazón ya de afuera
en que la libertad se ha abierto para el mundo.

Las águilas serenas
15   no serán nunca esquifes,
no serán sueño o pájaro,
no serán caja donde olvidar lo triste,
donde tener guardado esmeraldas u ópalos.

El sol que cuaja en las pupilas,
20   que a las pupilas mira libremente,
es ave inmarcesible, vencedor de los pechos
donde hundir su furor contra un cuerpo amarrado.

Las violentas alas
que azotan rostros como eclipses,
25   que parten venas de zafiro muerto,
que seccionan la sangre coagulada,
rompen el viento en mil pedazos,
mármol o espacio impenetrable
donde una mano muerta detenida
30   es el claror que en la noche fulgura.

Águilas como abismos,
como montes altísimos,
derriban majestades, troncos polvorientos,
esa verde hiedra que en los muslos
35   finge la lengua vegetal casi viva.

Se aproxima el momento en que la dicha consista
en desvestir de piel a los cuerpos humanos,
en que el celeste ojo victorioso
vea sólo a la tierra como sangre que gira.

40   Águilas de metal sonorísimo,
arpas furiosas con su voz casi humana,
cantan la ira de amar los corazones,
amarlos con las garras estrujando su muerte.

La destrucción o el amor, 1935.

SE QUERÍAN

Se querían.
Sufrían por la luz, labios azules en la madrugada,
labios saliendo de la noche dura,
labios partidos, sangre, ¿sangre dónde?
5   Se querían en un lecho navío, mitad noche, mitad
[luz.

Se querían como las flores a las espinas hondas,
a esa amorosa gema del amarillo nuevo,
cuando los rostros giran melancólicamente,
giralunas que brillan recibiendo aquel beso.

10   Se querían de noche, cuando los perros hondos
laten bajo la tierra y los valles se estiran
como lomos arcaicos que se sienten repasados:
caricia, seda, mano, luna que llega y toca.

Se querían de amor entre la madrugada,
15   entre las duras piedras cerradas de la noche,
duras como los cuerpos helados por las horas,
duras como los besos de diente a diente sólo.

Se querían de día, playa que va creciendo,
ondas que por los pies acarician los muslos,
20   cuerpos que se levantan de la tierra y flotando...
Se querían de día, sobre el mar, bajo el cielo.

Mediodía perfecto, se querían tan íntimos,
mar altísimo y joven, intimidad extensa,
soledad de lo vivo, horizontes remotos
25   ligados como cuerpos en soledad cantando.

Amando. Se querían como la luna lúcida,
como ese mar redondo que se aplica a ese rostro,

dulce eclipse de agua, mejilla oscurecida,
donde los peces rojos van y vienen sin música.

30   Día, noche, ponientes, madrugadas, espacios,
ondas nuevas, antiguas, fugitivas, perpetuas,
mar o tierra, navío, lecho, pluma, cristal,
metal, música, labio, silencio, vegetal,
mundo, quietud, su forma. Se querían, sabedlo.

La destrucción o el amor, 1935.

EL MILICIANO DESCONOCIDO [1]

No me preguntéis su nombre.
Le tenéis ahí, en el frente,
por las orillas del río;
toda la ciudad lo tiene.
5   Cada mañana se alza,
cuando la aurora lo envuelve
con un resplandor de vida
y otro resplandor de muerte.
Cada mañana se alza,
10   como un acero se yergue,
y donde pone sus ojos
una luz mortal esplende.
No me preguntéis su nombre,
que no habrá quien lo recuerde.
15   Cada día se levanta
con la aurora o el poniente,
salta, empuña, avanza, arrolla,
mata, pasa, vuela, vence;
donde se planta, allí queda;
20   como la roca, no cede;
aplasta como montaña,
y como la flecha, hiere.
Madrid entero lo adivina;
Madrid late por sus sienes;
25   sus pulsos vibran hirviendo
de hermosa sangre caliente,
y en su corazón, rugiendo,
cantan millones de seres.

[1] También Vicente Aleixandre participó con algunos poemas en la defensa de la causa republicana durante la guerra civil. En este caso, como en otros ya señalados dentro de esta *Antología,* se trata de un romance, bastante alejado del modo habitual de escritura de este poeta.

No sé quién fue, quién ha sido:
30 ¡toda la ciudad lo tiene!
Madrid, a su espalda, le alienta;
Madrid entero le sostiene.
Un cuerpo, un alma, una vida,
como un gigante se yerguen
35 a las puertas del Madrid
del miliciano valiente.
¿Es alto, rubio, delgado?
¿Moreno, apretado, fuerte?
Es como todos. Es todos.
40 ¿Su nombre? Su nombre ruede
sobre el estrépito ronco;
ruede vivo entre la muerte;
ruede como una flor viva,
siempreviva para siempre.
45 Se llama Andrés o Francisco,
se llama Pedro Gutiérrez,
Luis o Juan, Manuel, Ricardo,
José, Lorenzo, Vicente...
Pero, no. Se llama sólo
50 Pueblo Invicto para siempre.

*Romancero general
de la guerra de España, 1937.*

CIUDAD DEL PARAÍSO

A mi ciudad de Málaga.

Siempre te ven mis ojos, ciudad de mis días
                                    [marinos.
Colgada del imponente monte, apenas detenida
en tu vertical caída a las ondas azules,
pareces reinar bajo el cielo, sobre las aguas,
5   intermedia en los aires, como si una mano dichosa
te hubiera retenido, un momento de gloria, antes
                [de hundirte para siempre en las olas amantes.

Pero tú duras, nunca desciendes, y el mar suspira
o brama, por ti, ciudad de mis días alegres,
ciudad madre y blanquísima donde viví, y recuerdo,
10 angélica ciudad que, más alta que el mar, presides
                                    [sus espumas.

Calles apenas, leves, musicales. Jardines
donde flores tropicales elevan sus juveniles palmas
                                    [gruesas.
Palmas de luz que sobre las cabezas, aladas,
mecen el brillo de la brisa y suspenden
15 por un instante labios celestiales que cruzan
con destino a las islas remotísimas, mágicas,
que allá en el azul índigo, libertadas, navegan.

Allí también viví, allí, ciudad graciosa, ciudad
                                    [honda.
Allí, donde los jóvenes resbalan sobre la piedra
                                    [amable
20 y donde las rutilantes paredes besan siempre
a quienes siempre cruzan, hervidores, en brillos.

Allí fui conducido por una mano materna.
Acaso de una reja florida una guitarra triste

    cantaba la súbita canción suspendida en el tiempo;
25 quieta la noche, más quieto el amante,
    bajo la luna eterna que instantánea transcurre.

    Un soplo de eternidad pudo destruirte,
    ciudad prodigiosa, momento que en la mente de
                           [un Dios emergiste.
    Los hombres por un sueño vivieron, no vivieron,
30 eternamente fúlgidos como un soplo divino.

    Jardines, flores. Mar alentando como un brazo
                            [que anhela
    a la ciudad voladora entre monte y abismo,
    blanca en los aires, con calidad de pájaro suspenso
    que nunca arriba. ¡Oh ciudad no en la tierra!

35   Por aquella mano materna fui llevado ligero
    por tus calles ingrávidas. Pie desnudo en el día.
    Pie desnudo en la noche. Luna grande. Sol puro.
    Allí el cielo eres tú, ciudad que en él morabas.
    Ciudad que en él volabas con tus alas abiertas.

Sombra del paraíso, 1944.

MANO DEL POETA VIEJO

(LOPE DE VEGA)

Febrilmente aún escribes.
Dices, con esa mano desnudada,
del bien o el mal, con un trazo finísimo.
Dubitativo a veces, firme o suave.
5   Con un temblor de luz: tinta oscurísima.

El hueso casi asoma.
Se ve tu piel, más fina
que nunca, denunciarlo.
Tiembla sutil, se adapta.
10   Él late, casi aéreo.
Poroso, está vecino
del aire, y casi tócalo.
Sólo un beso o materia
separa hueso y aire,
15   y allí están prometidos, casi viéndose.
Oh el amor unitario
de la materia, o luces.
Y aquí el hueso se agrega
y aúna: coge y toma
20   y empuña, y traza: escribe.

La luz, la luz derrama.

En un vasto dominio, 1962.

UN TÉRMINO

Conocer no es lo mismo que saber.
Quien aprendió escuchando; quien padeció o gozó;
quien murió a solas.
Todos andan o corren, mas van despacio siempre
5   en el viento veloz que ahí los arrastra.
Ellos contra corriente nadan, pero retroceden,
y en las aguas llevados, mientras se esfuerzan
                                    [cauce arriba,
a espaldas desembocan.
Es el final con todo en que se hunden.
10   Mar libre, la mar oscura en que descansan.

Poemas de la consumación, 1968.

AYER

Ese telón de sedas amarillas
que un sol aún dora y un suspiro ondea.
En un soplo el ayer vacila, y cruje.
En el espacio aún es, pero se piensa
5   o se ve. Dormido quien lo mira no responde,
pues ve un silencio, o es un amor dormido.

Dormir, vivir, morir, Lenta la seda cruje
                                        [diminuta,
finísima, soñada: real. Quien es es signo,
una imagen de quien pensó, y ahí queda.
10   Trama donde el vivir se urdió despacio, y hebra a
                                        [hebra
quedó, para el aliento en que aún se agita.

Ignorar es vivir. Saber, morirlo.

Poemas de la consumación, 1968.

PENSAMIENTOS FINALES

Nació y no supo. Respondió y no ha hablado.

Las sorprendidas ánimas te miran
cuando no pasas. El viento nunca cumple.
Tu pensamiento a solas cae despacio.
5   Como las fenecidas hojas caen y vuelven
a caer, si el viento las dispersa.
Mientras la sobria tierra las espera,
abierta. Callado el corazón, mudos los ojos,
tu pensamiento lento se deshace
10 en el aire. Movido suavemente. Un son de ramas
finales, un desvaído sueño de oros vivos
se esparce... Las hojas van cayendo.

Poemas de la consumación, 1968.

DÁMASO ALONSO

(Madrid, 1898 - 1990)

ESTUDIÓ Derecho y Filosofía y Letras en la Universidad de Madrid, ampliando estudios en Berlín y en Cambridge y Oxford. Catedrático de Filología Románica en la Universidad de Madrid, director de la Real Academia Española, fue poeta temprano y sobre todo crítico eminente de su generación con el libro *Poetas españoles contemporáneos*. Como poeta se desvela en toda su intensidad después de la guerra civil, por lo que, excepcionalmente, ocupará un lugar en el segundo volumen de esta *Antología*. Su obra primera, *Poemas puros. Poemillas de la ciudad* (1921), le relaciona con sus compañeros del 27. Es además indispensable recordar la labor filológica y crítica en los estudios sobre Góngora, Garcilaso, Quevedo, San Juan de la Cruz y la poesía española desde la Edad Media hasta la posguerra. Sus *Obras Completas* están siendo editadas por Gredos.

Reedición de *Poemas puros. Poemillas de la ciudad* con *Gozos de la vista*. Madrid, Espasa-Calpe, 1981 (Austral, 1639).

CÓMO ERA

¿Cómo era, Dios mío, cómo era?
JUAN R. JIMÉNEZ

La puerta, franca.
         Vino queda y suave.
Ni materia ni espíritu. Traía
una ligera inclinación de nave
5   y una luz matinal de claro día.

No era de ritmo, no era de armonía
ni de color. El corazón la sabe,
pero decir cómo era no podría
porque no es forma, ni en la forma cabe.

10 Lengua, barro mortal, cincel inepto,
deja la flor intacta del concepto
en esta clara noche de mi boda,

y canta mansamente, humildemente,
la sensación, la sombra, el accidente,
15 mientras Ella me llena el alma toda!

Poemas puros.
Poemillas de la ciudad, 1921.

GOTA PEQUEÑA,
MI DOLOR

Gota pequeña, mi dolor.
La tiré al mar.
            Al hondo mar.
Luego me dije: "A tu sabor,
5   ¡ya puedes navegar!"

Mas me perdió la poca fe...

                    La poca fe
de mi cantar.
Entre onda y cielo naufragué.

10   Y era un dolor inmenso el mar.

Poemas puros.
Poemillas de la ciudad, 1921.

EMILIO PRADOS

(Málaga, 1899 - México, 1962)

ESTUDIANTE en Madrid, participó en la Residencia
de Estudiantes; pasó temporadas en Suiza y también en
Málaga, a causa de una enfermedad, donde colaboró
con las revistas de Manuel Altolaguirre. Ya en los años
treinta escribió poesía social y política militante de
izquierda (en la revista *Octubre*). Participó en la guerra
civil (residiendo en Málaga y Valencia); al final de la
contienda se exilió en México, dedicado a la docencia y
a tareas literarias, sin afán de publicar sus propias
obras. Esa personalidad retraída y la desordenada apa-
rición de sus libros de versos han contribuido al escaso
reconocimiento de una poesía de integración cósmica y
de intenso misticismo en soledad: *Tiempo. Veinte poe-
mas en verso* (1925), *Canciones del farero* (1926), *El
llanto subterráneo* (1936), *Memoria del olvido* (1940),
Cuerpo perseguido (1954), *Río natural* (1957), *La pie-
dra escrita* (1961).

Poesías Completas. 2 Vols. Ed. de Carlos Blanco y
Antonio Carreira. México, Aguilar, 1975-1976. *La pie-
dra escrita*. Edición de José Sánchez-Banús. Madrid,
Castalia, 1979.

AUSENCIAS

1

Silencio, que viene el cielo...
(Y todo el cuerpo del agua
alza su luz para verlo.)

2

¿Le faltó un lucero al día?...
5   —No; que se lo llevó el cielo
cuando en el agua se hundía.

3

¿Y dónde está la campana?...
—La noche la está buscando
para que despierte al alba.

4

10   —¿Quién va?...
(La muerte pregunta.)
Y cada estrella se esconde
en su caracol de espuma.

Misterio del agua, 1926-1927.

RAPTO

En pie en esa esquina estás
al borde de tu alma en pie,
contemplando hora tras hora,
dentro o fuera, lo que sueñas...
5 Ni tú sabes dónde estás,
ni sabes por dónde vuelas
que, ni en ti tu cuerpo vive,
ni es nivel de tu existencia.
Por eso no te defiendes,
10 ni sabes lo que te acecha,
y el viento se te echa encima
y no lo puedes librar;
que ni estás dentro de ti,
ni fuera, ni estás en medio,
15 ni sabes ya si eres sangre,
ni sabes ya si eres sueño...

Y el viento se te echa encima:
te quiere robar entera.
¿No habrá quién tu cuerpo oculte?
20 ¿No tienes quién te defienda?
Ya te ciñe el muslo, el pie,
la cintura, el brazo, el cuello,
la mano...
          ¡Ya! ¡Ya te lleva
25 sobre su lomo en pedazos!
Te arranca de ti y se aleja
creyendo que te ha robado...
Y no sabe que tú quedas
en la misma esquina en pie,
30 igual que cuando ha llegado
a tu engañosa presencia.

¡Allá va el viento burlado!...

¿Qué te libró de su fuerza?
¿Quién te defiende, es tu alma
35 o es tu presente en ausencia?

Memoria de poesía, 1926-1927.

MEMORIA DEL OLVIDO

Yo me he perdido porque siento
que ya no estoy sino cuando me olvido;
cuando mi cuerpo vuela y ondula
como un estanque entre mis brazos.

5   Yo sé que mi piel no es un río
y que mi sangre rueda serena;
pero hay un niño que cuelga de mis ojos
nivelando mi sueño como el mundo.

Cuando mi rostro suspira bajo la noche;
10   cuando las ramas se adormecen como banderas,
si cayera una piedra sobre mis ojos
yo subiría del agua sin palomas.

Yo subiría del fondo de mi frente
hasta habitar mi cuerpo como un ídolo;
15   hasta brotar en medio de mi carne
otra vez sobre el mundo sin cigüeña.

Pero el Japón no tiene más que un niño
y mis ojos aún sueñan bajo la luna.
Cuando se seque el viento entre las flores,
20   así terminaré mi olvido.

Memoria del olvido, 1940.

SUEÑO

Te llamé. Me llamaste.
Brotamos como ríos.
Alzáronse en el cielo
los nombres confundidos.

5   Te llamé. Me llamaste.
Brotamos como ríos.
Nuestros cuerpos quedaron
frente a frente, vacíos.

Te llamé. Me llamaste.
10 Brotamos como ríos.
Entre nuestros dos cuerpos,
¡qué inolvidable abismo!

Memoria del olvido, 1940.

FORMA DE LA HUIDA

Este salto —¡qué alegría!—,
de mundo a mundo lo damos.
¡Qué mundo en medio, redondo,
igual que un ojo temblando,
5 deja abierto abajo el brinco!
Nuestros dos pies ¡qué despacio
arriba curvan desnudos
sus blandas guías!
                        ¡Qué aletazos
alzan de los hombros nubes,
10 nos sacuden, se hacen brazos,
luces, gritos...
                        ¡Qué delirio
de cielo y carne, tan alto!
Prendidos por la cintura
nuestros cuerpos amarrados,
15 ¡qué haz de piernas, de cabellos,
de paños, de ojos!...
                        ¡Qué blanco
mechón de nieve, de voces,
de pulsos, de alas!...
                        ¡Qué claro
desnudarse, abrirse, huirse,
20 salirse al sueño!
                        ¡Qué blando
patinar azul de lirio
sobre el cielo nuestros labios!
¡Qué amor!
                        ¡Qué quebrar de plumas
cruza la voz del Espacio!
25 ¡Qué ramalazos de risas
quedan del viento colgando!
¡Qué campanadas de altura!
¡Qué temblor de espejo abajo!
¡Qué rumor de ángel en fuga
30 deja en la luz nuestro salto!

Cuerpo perseguido, 1940.

BAJO EL CIPRÉS

En el huerto me he dormido.

Árbol sin nacer: ¿qué olvido
futuro será tu sombra?
Árbol de ayer: ¿en qué sueño
5   tu olvido su mano ahonda?...

En el huerto he despertado.

Morado alhelí: ¿qué fuego
quema tu aroma lejano?
Jazmín —temblor de la noche—:
10   ¿qué fuente te está llamando?

En el huerto estoy sentado.

Cuerpo triste: ¿en qué rocío
tu pena se está mojando?...

(Huele el sándalo florido
15   y mueve el viento al mastranzo.
Flota la luna en la acequia...)

En el huerto estoy llorando.

Jardín cerrado, 1946.

SONORO ENIGMA[1]

I

¿Qué peso oscuro, luz,
como un silencio desalado,
tira de mí hacia el fondo
de tu velocidad, y me unifica
5   en sólo un acto de su cuerpo?
Sin forma estoy tendido,
aislado al pensamiento que enlazaba
mi destino a tu paz. Sin tu armonía
—en luz latente— tiempo soy de un canto
10   ajeno a mí y en movimiento.
Giro denso con él y hundido estoy
al centro, tan contrario, de su memoria
que, presencia real de mí, mi ausencia
en él, es unidad que me ha robado.
15   ¿Afirmado por mí, soy cuerpo entero
del peso oscuro que me hundió en su fondo
—piedra en rapto de luz— verdad de sombra?

"¡Ah de la vida!", el tiempo —voz del canto—
inmerso en donde estoy, pregunta y llama,
20   y gime: "¿Nadie me responde?..." Y busca,
ausente en mi unidad, su cuerpo mismo.

"Ayer se fue. Mañana no ha llegado.
Hoy se está yendo...", gime en mí de nuevo...
Y en relación conmigo baja al fondo
25   del cuerpo en que a la luz sombra le dimos.

---

[1] *Sonoro enigma.* Hay que tener en cuenta el soneto de Francisco de Quevedo "¡Ah de la vida! ¿Nadie me responde?", algunos de cuyos versos aparecen entre comillas.

"Presentes sucesiones" de él ajenas,
lo levantan sin límites, y en canto
—libre flecha de paz— vuela de un tiempo
que me olvida.
                    Olvidado, recupero
30 de mi unidad la luz, y veloz subo
en ella y le respondo:
                              ¡Ah de la vida!

Sonoro enigma, 1958.

TRANSFIGURACIÓN
DE LO INVISIBLE

I

Ancha llanura. Pensamiento en círculo.
(Principio y fin se unen a un solo abismo.)

Todo es centro, unidad, vida en barbecho.
(La luz labra el vacío de un silencio.)

5   La palabra no existe. Existe el acto.
(Golpe a golpe la luz lo está tallando.)

Piedra sin ser, la vida rompe el límite
del símbolo interior que la concibe.

¡Oleadas de azul! ¡Flechas sin norte!
10   ¡Gime la luz vencida por la noche!

¿Naufraga el mundo?...
                (Salva al mundo un símbolo.
Une el silencio al mundo redivivo.)

¡El mundo es acto! ¿Y el silencio?...
                        (¡Nombre!)
La luz golpea al círculo que esconde.

15   ¡Alta llanura!...
           (¿El valle es pensamiento?...)
La luz germina su esmeralda en vuelo.

II

¡Tenso el blanco es la flecha en él clavada!...
(Y arco admirado al ver su intento.)

¡Quietud extraña! ¡Ley de transparencias!
20 ¡Albo y redondo mundo abierto!

¡Una mujer, en pájaro desnuda,
de un pez a un árbol sube al viento!

(Desvela a un niño sin nacer, su historia
múltiple, en la unidad de un cuerpo.)

25 Ser de creación, el niño canta y vive:
delante de él es su recuerdo.

(Dos apariencias caen; sus dos símbolos
habita la unidad sin tiempo.)

¡El niño encarna en él! ¡Encarna el mundo!
30 (Se graba un nombre en el deseo.)

¡Los árboles se agitan! ¡Nada un pájaro
el mar de una mujer sin puerto!

(Múltiple es la intención que une en el niño
con su presencia su desvelo.)

35 ¡Vertical crece! ¡Opuesto asciende en curva!
(Memoria recta en dos reflejos.):

"¡Velad!" "¡Velad!" "¡Arrabal de un anillo
—mi luz—, es la luz que padezco!"

(¡Quietud extraña! ¡Ley de transparencias!...)
40 ¡Albo y redondo, el mundo, es templo!

La piedra escrita, 1961.

RAFAEL ALBERTI

(Puerto de Santa María, Cádiz, 1902)

UNO de los poetas más fecundos y brillantes en la versificación de la poesía contemporánea. El abandono de su ambiente y la llegada a Madrid en 1917, le irán haciendo derivar de su primera vocación de pintor a la literatura. Desde el neopopularismo de *Marinero en tierra* (1925), pasará al gongorismo, a un surrealismo desolado en *Sobre los ángeles* (1929) y al compromiso político militante con el Partido Comunista durante la República y la guerra civil (*El poeta en la calle*, 1938). Vive el exilio en Argentina hasta 1962 y en Italia luego, publicando, entre otros libros: *Entre el clavel y la espada* (1941), *Pleamar* (1944), *A la pintura* (1948), *Retornos de lo vivo lejano* (1952), *Roma, peligro para caminantes* (1968). Desde 1976 reside y escribe de nuevo en España, sin abandonar su participación política. Es también importante la obra dramática, que tiene títulos como *El hombre deshabitado* (1930), *El Adefesio* (1944), *Noche de guerra en el Museo del Prado* (1956).

   El poeta en la calle: Obra civil. Ed. de Aitana Alberti. Madrid, Aguilar, 1978. *Obras Completas. Poesías.* 3 vols. Ed. de Luis García Montero. Madrid, Aguilar, 1988.

ROSA-FRÍA,
PATINADORA DE LA LUNA

Ha nevado en la luna, Rosa-fría.
Los abetos patinan por el yelo;
tu bufanda rizada sube al cielo,
como un adiós que el aire claro estría.

5   ¡Adiós, patinadora, novia mía!
De vellorí[1] tu falda, da un revuelo
de campana de lino, en el pañuelo
tirante y nieve de la nevería.

Un silencio escarchado te rodea,
10   destejido en la luz de sus fanales,
mientras vas el cristal resquebrajando...

¡Adiós, patinadora!
                El sol albea
las heladas terrazas siderales,
15   tras de ti, Malva-luna, patinando.

Marinero en tierra, 1924.

---

[1] *vellorí*. "Paño entrefino de color pardo ceniciento o de lana sin teñir" (DRAE).

MI CORZA

En Ávila, mis ojos...
SIGLO XV

Mi corza, buen amigo,
mi corza blanca.

Los lobos la mataron
al pie del agua.

5   Los lobos, buen amigo,
que huyeron por el río.

Los lobos la mataron
dentro del agua.

Marinero en tierra, 1924.

Si Garcilaso volviera,
yo sería su escudero;
que buen caballero era.

Mi traje de marinero
5   se trocaría en guerrera
ante el brillar de su acero;
que buen caballero era.

¡Qué dulce oírle, guerrero,
al borde de su estribera!
10   En la mano, mi sombrero;
que buen caballero era.

Marinero en tierra, 1924.

MADRIGAL
AL BILLETE DEL TRANVÍA

Adonde el viento, impávido, subleva
torres de luz contra la sangre mía,
    tú, billete, flor nueva,
cortada en los balcones del tranvía.

5   Huyes, directa, rectamente liso,
en tu pétalo un nombre y un encuentro
    latentes, a ese centro
cerrado y por cortar del compromiso.

Y no arde en ti la rosa ni en ti priva
10 el finado clavel, sí la violeta
    contemporánea, viva,
del libro que viaja en la chaqueta.

Cal y canto, 1927.

TELEGRAMA

Nueva York.
Un triángulo escaleno
asesina a un cobrador.

El cobrador, de hojalata.
5   Y el triángulo, de prisa,
otra vez a su pizarra.

Nick Carter no entiende nada.

¡Oh!

Nueva York.

Cal y canto, 1927.

EL ÁNGEL
DE LOS NÚMEROS

Vírgenes con escuadras
y compases, velando
las celestes pizarras.

Y el ángel de los números,
5   pensativo, volando
del 1 al 2, del 2
al 3, del 3 al 4.

Tizas frías y esponjas
rayaban y borraban
10   la luz de los espacios.

Ni sol, luna, ni estrellas,
ni el repentino verde
del rayo y el relámpago,
ni el aire. Sólo nieblas.

15   Vírgenes sin escuadras,
sin compases, llorando.

Y en las muertas pizarras,
el ángel de los números,
sin vida, amortajado
20   sobre el 1 y el 2,
sobre el 3, sobre el 4...

Sobre los ángeles, 1928.

TRES RECUERDOS DEL CIELO

Homenaje a Gustavo Adolfo Bécquer.

PRÓLOGO

No habían cumplido años ni la rosa ni el arcángel.
Todo, anterior al balido y al llanto.
Cuando la luz ignoraba todavía
si el mar nacería niño o niña.
5   Cuando el viento soñaba melenas que peinar
y claveles el fuego que encender y mejillas
y el agua unos labios parados donde beber.
Todo, anterior al cuerpo, al nombre y al tiempo.

Entonces, yo recuerdo que, una vez en el cielo...

PRIMER RECUERDO

...una azucena tronchada...
G.A. BÉCQUER

10   Paseaba con un dejo de azucena que piensa,
casi de pájaro que sabe ha de nacer.
Mirándose sin verse a una luna que le hacía espejo
                    [el sueño
y a un silencio de nieve, que le elevaba los pies.
15   A un silencio asomada.
Era anterior al arpa, a la lluvia y a las palabras.
No sabía.
Blanca alumna del aire,
temblaba con las estrellas, con la flor y los árboles.
20   Su tallo, su verde talle.

Con las estrellas mías
que, ignorantes de todo,
por cavar dos lagunas en sus ojos
la ahogaron en dos mares.

25   Y recuerdo...

Nada más: muerta, alejarse.

SEGUNDO RECUERDO

...rumor de besos y batir de alas...
G.A. BÉCQUER

También antes,
mucho antes de la rebelión de las sombras,
de que al mundo cayeran plumas incendiadas
30   y un pájaro pudiera ser muerto por un lirio.
Antes, antes que tú me preguntaras
el número y el sitio de mi cuerpo.
Mucho antes del cuerpo.
En la época del alma.
35   Cuando tú abriste en la frente sin corona, del cielo,
la primera dinastía del sueño.
Cuando tú, al mirarme en la nada,
inventaste la primera palabra.

Entonces, nuestro encuentro.

TERCER RECUERDO

...detrás del abanico
de plumas de oro...
G.A. BÉCQUER

40   Aún los valses del cielo no habían desposado al
[jazmín y la nieve,

ni los aires pensado en la posible música de tus
[cabellos,
ni decretado el rey que la violeta se enterrara en
[un libro.
No.
Era la era en que la golondrina viajaba
45   sin nuestras iniciales en el pico.
En que las campanillas y las enredaderas
morían sin balcones que escalar y estrellas.
La era
en que al hombro de un ave no había flor que
[apoyara la cabeza.

50   Entonces, detrás de tu abanico, nuestra luna
[primera.

Sobre los ángeles, 1928.

LOS ÁNGELES MUERTOS

Buscad, buscadlos:
en el insomnio de las cañerías olvidadas,
en los cauces interrumpidos por el silencio de las
[basuras.
No lejos de los charcos incapaces de guardar un
[nube,
5   unos ojos perdidos,
una sortija rota
o una estrella pisoteada.
Porque yo los he visto:
en esos escombros momentáneos que aparecen en
[las neblinas.
10   Porque yo los he tocado:
en el destierro de un ladrillo difunto,
venido a la nada desde una torre o un carro.
Nunca más allá de las chimeneas que se derrumban
ni de esas hojas tenaces que se estampan en los
[zapatos.

15   En todo esto.
Mas en esas astillas vagabundas que se consumen
[sin fuego,
en esas ausencias hundidas que sufren los
[muebles desvencijados,
no a mucha distancia de los nombres y signos que
[se enfrían en las paredes.

Buscad, buscadlos:
20   debajo de la gota de cera que sepulta la palabra
[de un libro
o la firma de uno de esos rincones de cartas
que trae rodando el polvo.
Cerca del casco perdido de una botella,
de una suela extraviada en la nieve,
25   de una navaja de afeitar abandonada al borde de
[un precipicio.

Sobre los ángeles, 1928.

LOS NIÑOS
DE EXTREMADURA

Los niños de Extremadura
van descalzos.
¿Quién les robó los zapatos?

Les hiere el calor y el frío.
5   ¿Quién les rompió los vestidos?

La lluvia
les moja el sueño y la cama.
¿Quién les derribó la casa?

No saben
10   los nombres de las estrellas.
¿Quién les cerró las escuelas?

Los niños de Extremadura
son serios.
¿Quién fue el ladrón de sus juegos?

El poeta en la calle, 1931-1935.

MADRID-OTOÑO[2]

I

Ciudad de los más turbios siniestros provocados,
de la angustia nocturna que ordena hundirse al
                                              [miedo
en los sótanos lívidos con ojos desvelados,
yo quisiera furiosa, pero impasiblemente
5   arrancarme de cuajo la voz, pero no puedo,
para pisarte toda tan silenciosamente,
que la sangre tirada
mordiera, sin protesta, mi llanto y mi pisada.

Por tus desnivelados terrenos y arrabales,
10   ciudad, por tus lluviosas y ateridas afueras
voy las hojas difuntas pisando entre trincheras,
charcos y barrizales.
Los árboles acodan, desprovistos, las ramas
por bardas y tapiales
15   donde con ojos fijos espían las troneras
un cielo temeroso de explosiones y llamas.
Capital ya madura para los bombardeos,
avenidas de escombros y barrios en ruinas,
corre un escalofrío al pensar tus museos
20   tras de las barricadas que impiden las esquinas.

Hay casas cuyos muros humildes, levantados
a la escena del aire, representan la escena
del mantel y los lechos todavía ordenados,
el drama silencioso de los trajes vacíos,

---

[2] *Capital de la gloria* es el título del libro donde Alberti recoge
los poemas combatientes, escritos durante la guerra civil. Ésta es
una elegía que canta la resistencia de Madrid durante los duros
bombardeos de octubre y noviembre de 1936 que precedieron y
acompañaron a la batalla y defensa de la capital.

25   sin nadie, en la alacena
que los biseles fríos
de la menguada luna de los pobres roperos
recogen y barajan con los sacos terreros.

    Más que nunca mirada,
30   como ciudad que en tierra reposa al descubierto,
la frente de tu frente se alza tiroteada,
tus costados de árboles y llanuras, heridos;
pero tu corazón no lo taparán muerto,
aunque montes de escombros le paren sus latidos.

35   Ciudad, ciudad presente,
guardas en tus entrañas de catástrofe y gloria
el germen más hermoso de tu vida futura.
Bajo la dinamita de tus cielos, crujiente,
se oye el nacer del nuevo hijo de la victoria.
40   Gritando y a empujones la tierra lo inaugura.

II

    ¡Palacios, bibliotecas! Estos libros tirados
que la yerba arrasada recibe y no comprende,
estos descoloridos sofás desvencijados
que ya tan sólo el frío los usa y los defiende;
45   estos inesperados
retratos familiares
en donde los varones de la casa, vestidos
los más innecesarios jaeces militares,
nos contemplan, partidos,
50   sucios, pisoteados,
con ese inexpresable gesto fijo y obscuro
del que al nacer ya lleva contra su espalda el muro
de los ejecutados;
este cuadro, este libro, este furor que ahora
55   me arranca lo que tienes para mí de elegía
son pedazos de sangre de tu terrible aurora.
Ciudad, quiero ayudarte a dar a luz tu día.

Capital de la gloria, 1936-1938.

SONETOS CORPORALES

1

(Guerra a la guerra por la guerra.) Vente.
Vuelve la espalda. El mar. Abre la boca.
Contra una mina una sirena choca
y un árcangel se hunde, indiferente.

5   Tiempo de fuego. Adiós. Urgentemente.
Cierra los ojos. Es el monte. Toca.
Saltan las cumbres salpicando roca
y un árcangel se hunde, indiferente.

¿Dinamita a la luna también? Vamos.
10   Muerte a la muerte por la muerte: guerra.
En verdad, piensa el toro, el mundo es bello.

Encendidos están, amor, los ramos.
Abre la boca. (El mar. El monte.) Cierra
los ojos y desátate el cabello.

Entre el clavel y la espada, 1940.

METAMORFOSIS
DEL CLAVEL

8

Se equivocó la paloma.
Se equivocaba.

Por ir al norte, fue al sur.
Creyó que el trigo era agua.
5   Se equivocaba.

Creyó que el mar era el cielo;
que la noche, la mañana.
Se equivocaba.

Que las estrellas, rocío;
10   que la calor, la nevada.
Se equivocaba.

Que tu falda era tu blusa;
que tu corazón, su casa
Se equivocaba.

15   (Ella se durmió en la orilla.
Tú, en la cumbre de una rama.)

Entre el clavel y la espada, 1940.

TIZIANO

Fue Dánae, fue Calixto, fue Diana,
fue Adonis y fue Baco, fue Cupido;
la cortesana azul mar veneciana,
el ceñidor de Venus desceñido,
5   la bucólica plástica suprema.
Fue a toda luz, a toda voz el tema.

¡Oh, juventud! Tu nombre es el Tiziano.
Tu música, su fuente calurosa.
Tu belleza, el concierto de su mano.
10   Tu gracia, su sonrisa numerosa.
Lúdica edad, preámbulo sonoro,
divina y fiel desproporción de oro.

El alto vientre esférico, el agudo
pezón saltante, errático en la orgía,
15   las más secretas sombras al desnudo.
Bacanal del color: su mediodía.
Colorean los ríos los Amores,
surtiendo en arco de sus ingles flores.

Ni ignoran las alcobas ni el brocado
20   del cortinón que irisa el escarlata
cuánto acrecienta un cuerpo enamorado
sobre movidas sábanas de plata.
Nunca doró pincel en primavera
mejor cintura ni mayor cadera.

25   Todo se dora. El siena que en lo umbrío
cuece la selva en una luz tostada
dora el ardor del sátiro cabrío
tras de la esquiva sáfira dorada;
y un rubio viento, umbrales y dinteles,
30   basamentos, columnas, capiteles.

La vid que el alma de Dionisos dora,
del albo rostro de Jesús exuda,
y la Madre de Dios, Nuestra Señora,
de Afrodita de oro se desnuda.
35   Vuelca el Amor profano su áureo vino
en los manteles del Amor divino.

¡Amor! Eros infante que dispara
la más taladradora calentura;
venablo luminoso, flecha clara,
40   directa al corazón de la Pintura.
¿Cuándo otra edad vio plenitud más bella,
altor de luna, miramar de estrella?

Pintor del Piave di Cadore, eterno,
dichoso juvenil, vergel florido,
45   resplandeciente río sin invierno,
en el monte de Venus escondido.
Sean allí a tus prósperos verdores
Príapo el pincel, Adonis los colores.

A la pintura, 1952.

PICASSO

Málaga.
   Azul, blanco y añil
   postal y marinero.

De azul se arrancó el toro del toril,
5 de azul el toro del chiquero.
De azul se arrancó el toro.
    ¡Oh guitarra de oro,
    oh toro por el mar, toro y torero!

España:
10 fina tela de araña,
guadaña y musaraña,
braña, entraña, cucaña,
saña, pipirigaña,
y todo lo que suena y que consuena
15 contigo: España, España.

El toro que se estrena y que se llena
de ti y en ti se baña,
se laña y se deslaña,
se estaña y desestaña,
20 como toro que es toro y azul toro de España.

   P i c a s s o :

maternidad azul, arlequín rosa.
Es la alegría pura una niña preñada;
la gracia, el ángel, una cabra dichosa,
rosadamente rosa,
25 tras otra niña sonrosada.
Y la tristeza más tristeza,
una mujer que plancha, doblada de cabeza,
azulada.

  ¿Quién sabrá de la suerte de la línea,
30 de la aventura del color?

Una mañana,
vaciados los ojos de receta,
se arrojan a la mar: una paleta.
Y se descubre esa ventana
35 que se entreabre al mediodía
de otro nuevo planeta
desnudo y con rigor de geometría.

La Fábrica de Horta de Ebro.
La Arlesiana.
El modelo.
Clovis Sagot.
El violinista.
40 (¿Qué queda de la mano real, del instrumento,
del sonido?
Un invento,
un nuevo dios sin parecido.)

Entre el ayer y el hoy se desgaja
45 lo que más se asemeja a un cataclismo.

A la pintura, 1952.

CANCIÓN 8

Hoy las nubes me trajeron,
volando, el mapa de España.
¡Qué pequeño sobre el río,
y qué grande sobre el pasto
5   la sombra que proyectaba!

Se le llenó de caballos
la sombra que proyectaba.
Yo, a caballo, por su sombra
busqué mi pueblo y mi casa.

10   Entré en el patio que un día
fuera una fuente con agua.
Aunque no estaba la fuente,
la fuente siempre sonaba.
Y el agua que no corría
15   volvió para darme agua.

Baladas y canciones del Paraná, 1954.

BASÍLICA DE SAN PEDRO

Di, Jesucristo, ¿por qué
me besan tanto los pies?

    Soy San Pedro aquí sentado,
en bronce inmovilizado,
5   no puedo mirar de lado
ni pegar un puntapié,
pues tengo los pies gastados,
como ves.

    Haz un milagro, Señor.
10   Déjame bajar al río,
volver a ser pescador,
que es lo mío.

Roma, peligro para caminantes, 1976.

LUIS CERNUDA

(Sevilla, 1902 - México, 1963)

DISCÍPULO de Pedro Salinas en la Universidad de Sevilla, donde cursaba Derecho, pasó después a Madrid, en 1928, integrándose en el grupo de poetas del 27. Parte de la poesía pura y del clasicismo (Garcilaso de la Vega), recoge la influencia del surrealismo para evolucionar hacia una poesía coloquial, reflexiva y moral, especialmente en su etapa del exilio, ya que durante la guerra civil estuvo en Valencia y abandonó España en 1938. Residió en Inglaterra, Estados Unidos y México. Reúne sus libros (*Perfil del aire*, 1927-1928; *Los placeres prohibidos*, 1931; *Donde habite el olvido*, 1934; *Las nubes* (1940), *Como quien espera al alba*, 1947; *Desolación de la Quimera*, 1962, etc.) en el volumen *La realidad y el deseo*, con reediciones desde 1936. Tiene también una importante obra en prosa, tanto de carácter poético, *Ocnos* (1942), como crítico: *Literatura y poesía* (1960), *Estudios de poesía española contemporánea* (1957), entre otros.

Poesía Completa. Ed. de Dereck Harris y Luis Maristany. Barcelona, Barral, 1977. Nueva ed. ampliada, en vol. I de *Obras Completas*. Madrid, Siruela, 1994. *La realidad y el deseo*. Ed. de M. J. Flys. Madrid, Castalia, 1982.

QUISIERA ESTAR
SOLO EN EL SUR

Quizá mis lentos ojos no verán más el sur
De ligeros paisajes dormidos en el aire,
Con cuerpos a la sombra de ramas como flores
O huyendo en un galope de caballos furiosos.

5   El sur es un desierto que llora mientras canta,
Y esa voz no se extingue como pájaro muerto;
Hacia el mar encamina sus deseos amargos
Abriendo un eco débil que vive lentamente.

En el sur tan distante quiero estar confundido.
10 La lluvia allí no es más que una rosa entreabierta;
Su niebla misma ríe, risa blanca en el viento.
Su oscuridad, su luz son bellezas iguales.

Un río, un amor, 1929.

NO DECÍA PALABRAS

No decía palabras,
Acercaba tan sólo un cuerpo interrogante,
Porque ignoraba que el deseo es una pregunta
Cuya respuesta no existe,
5   Una hoja cuya rama no existe,
Un mundo cuyo cielo no existe.

La angustia se abre paso entre los huesos,
Remonta por las venas
Hasta abrirse en la piel,
10   Surtidores de sueño
Hechos carne en interrogación vuelta a las nubes.

Un roce al paso.
Una mirada fugaz entre las sombras,
Bastan para que el cuerpo se abra en dos,
15   Ávido de recibir en sí mismo
Otro cuerpo que sueñe;
Mitad y mitad, sueño y sueño, carne y carne,
Iguales en figura, iguales en amor, iguales en deseo.

Aunque sólo sea una esperanza,
20   Porque el deseo es una pregunta cuya respuesta
                      [nadie sabe.

Los placeres prohibidos, 1931.

UNOS CUERPOS
SON COMO FLORES

Unos cuerpos son como flores,
Otros como puñales,
Otros como cintas de agua;
Pero todos, temprano o tarde,
5   Serán quemaduras que en otro cuerpo se agranden,
Convirtiendo por virtud del fuego a una piedra e
[un hombre.

Pero el hombre se agita en todas direcciones,
Sueña con libertades, compite con el viento,
Hasta que un día la quemadura se borra,
10   Volviendo a ser piedra en el camino de nadie.

Yo, que no soy piedra, sino camino
Que cruzan al pasar los pies desnudos,
Muero de amor por todos ellos;
Les doy mi cuerpo para que lo pisen,
15   Aunque les lleve a una ambición o a una nube,
Sin que ninguno comprenda
Que ambiciones o nubes
No valen un amor que se entrega.

Los placeres prohibidos, 1931.

I

Donde habite el olvido,
En los vastos jardines sin aurora;
Donde yo sólo sea
Memoria de una piedra sepultada entre ortigas
5   Sobre la cual el viento escapa a sus insomnios.

Donde mi nombre deje
Al cuerpo que designa en brazos de los siglos,
Donde el deseo no exista.

En esa gran región donde el amor, ángel terrible,
10 No esconda como acero
En mi pecho su ala,
Sonriendo lleno de gracia aérea mientras crece el
                                                  [tormento.

Allá donde termine este afán que exige un dueño
                                        [a imagen suya,
Sometiendo a otra vida su vida,
15 Sin más horizonte que otros ojos frente a frente.

Donde penas y dichas no sean más que nombres,
Cielo y tierra nativos en torno de un recuerdo;
Donde al fin quede libre sin saberlo yo mismo,
Disuelto en niebla, ausencia,
20 Ausencia leve como carne de niño.

Allá, allá lejos;
Donde habite el olvido.

Donde habite el olvido, 1934.

VII

Adolescente fui en días idénticos a nubes,
Cosa grácil, visible por penumbra y reflejo,
Y extraño es, si ese recuerdo busco,
Que tanto, tanto duela sobre el cuerpo de hoy.

5   Perder placer es triste
Como la dulce lámpara sobre el lento nocturno;
Aquél fui, aquél fui, aquél he sido;
Era la ignorancia mi sombra.

Ni gozo ni pena; fui niño
10   Prisionero entre muros cambiantes;
Historias como cuerpos, cristales como cielos,
Sueño luego, un sueño más alto que la vida.

Cuando la muerte quiera
Una verdad quitar de entre mis manos,
15   Las hallará vacías, como en la adolescencia
Ardientes de deseo, tendidas hacia el aire.

Donde habite el olvido, 1934.

ELEGÍA ESPAÑOLA II[1]

A Vicente Aleixandre.

Ya la distancia entre los dos abierta
Se lleva el sufrimiento, como nube
Rota en lluvia olvidada, y la alegría,
Hermosa claridad desvanecida;
5   Nada altera entre tú, mi tierra, y yo,
Pobre palabra tuya, el invisible
Fluir de los recuerdos, sustentando
Almas con la verdad de tu alma pura.
Sin luchar contra ti ya asisto inerte
10   A la discordia estéril que te cubre,
Al viento de locura que te arrastra.
Tan sólo Dios vela sobre nosotros,
Árbitro inmemorial del odio eterno.

Tus pueblos han ardido y tus campos
15   Infecundos dan cosecha de hambre;
Rasga tu aire el ala de la muerte;
Tronchados como flores caen tus hombres
Hechos para el amor y la tarea;
Y aquellos que en la sombra suscitaron
20   La guerra, resguardados en la sombra,
Disfrutan su victoria. Tú en silencio,
Tierra, pasión única mía, lloras
Tu soledad, tu pena y tu vergüenza.

Fiel aún, extasiado como el pájaro
25   Que en primavera hacia su nido antiguo
Llegaba a ti y en ti dejaba el vuelo,

[1] *Elegía española.* Esta composición y la siguiente reflejan el estado de ánimo de Cernuda ya en el exilio de Inglaterra. *Elegía española* es probablemente inmediata a su salida de España (febrero de 1938).

Con la atracción remota de un encanto
Ineludible, rosa del destino,
Mi espíritu se aleja de estas nieblas,
30   Canta su queja por tu cielo vasto,
Mientras el cuerpo queda vacilante,
Perdido, lejos, entre sueño y vida,
Y oye el susurro lento de las horas.

Si nunca más pudieran estos ojos
35   Enamorados reflejar tu imagen.
Si nunca más pudiera por tus bosques,
El alma en paz caída en tu regazo,
Soñar el mundo aquel que yo pensaba
Cuando la triste juventud lo quiso.
40   Tú nada más, fuerte torre en ruinas,
Puedes poblar mi soledad humana,
Y esta ausencia de todo en ti se duerme.
Deja tu aire ir sobre mi frente,
Tu luz sobre mi pecho hasta la muerte,
45   Única gloria cierta que aún deseo.

Las nubes, 1940.

IMPRESIÓN DE DESTIERRO[2]

Fue la pasada primavera,
Hace ahora casi un año,
En un salón del viejo Temple, en Londres,
Con viejos muebles. Las ventanas daban,
5   Tras edificios viejos, a lo lejos,
Entre la hierba el gris relámpago del río.
Todo era gris y estaba fatigado
Igual que el iris de una perla enferma.

Eran señores viejos, viejas damas,
10 En los sombreros plumas polvorientas;
Un susurro de voces allá por los rincones,
Junto a mesas con tulipanes amarillos,
Retratos de familia y teteras vacías.
La sombra que caía
15 Con un olor a gato,
Despertaba ruidos en cocinas.

Un hombre silencioso estaba
Cerca de mí. Veía
La sombra de su largo perfil algunas veces
20 Asomarse abstraído al borde de la taza,
Con la misma fatiga
Del muerto que volviera
Desde la tumba a una fiesta mundana.

En los labios de alguno,
25 Allá por los rincones
Donde los viejos juntos susurraban,
Densa como una lágrima cayendo,
Brotó de pronto una palabra: España.
Un cansancio sin nombre

---

[2] *Impresión de destierro*. Corresponde ya al final de la contienda española, aunque está escrito unos meses después.

30 Rodaba en mi cabeza.
Encendieron las luces. Nos marchamos.
Tras largas escaleras casi a oscuras
Me hallé luego en la calle,
Y a mi lado, al volverme,
35 Vi otra vez a aquel hombre silencioso,
Que habló indistinto algo
Con acento extranjero,
Un acento de niño en voz envejecida.

Andando me seguía
40 Como si fuera solo bajo un peso invisible,
Arrastrando la losa de su tumba;
Mas luego se detuvo.
"¿España?", dijo. "Un nombre.
España ha muerto." Había
45 Una súbita esquina en la calleja.
Le vi borrarse entre la sombra húmeda.

Las nubes, 1940.

PREGUNTA VIEJA,
VIEJA RESPUESTA

¿Adónde va el amor cuando se olvida?
No aquel a quien hicieras la pregunta
  Es quien hoy te responde.

Es otro, al que unos años más de vida
5 Le dieron la ocasión, que no tuviste,
  De hallar una respuesta.

Los juguetes del niño que ya es hombre,
¿Adónde fueron, dí? Tú lo sabías,
  Bien pudiste saberlo.

10 Nada queda de ellos: sus ruinas
Informes e incoloras, entre el polvo,
  El tiempo se ha llevado.

El hombre que envejece, halla en su mente,
En su deseo, vacíos, sin encanto,
15 Dónde van los amores.

Mas si muere el amor, no queda libre
El hombre del amor: queda su sombra,
  Queda en pie la lujuria.

¿Adónde va el amor cuando se olvida?
20 No aquel a quien hicieras la pregunta
  Es quien hoy te responde.

Desolación de la Quimera, 1962.

LAS SIRENAS

Ninguno ha conocido la lengua en la que
                                    [cantan las sirenas
Y pocos los que acaso, al oír algún canto
                                    [a medianoche
(No en el mar, tierra adentro, entre las aguas
De un lago), creyeron ver a una friolenta
5   Y triste surgir como fantasma y entonarles
Aquella canción misma que resistiera Ulises.

Cuando la noche acaba y tiempo ya no hay
A cuanto se esperó en las horas de un día,
Vuelven los que las vieron; mas la canción
                                    [quedaba,
10   Filtro, poción de lágrimas, embebida en su espíritu,
Y sentían en sí con resonancia honda
El encanto en el canto de la sirena envejecida.

Escuchado tan bien y con pasión tanta oído,
Ya no eran los mismos y otro vivir buscaron,
15   Posesos por el filtro que enfebreció su sangre.
¿Una sola canción puede cambiar así una vida?
El canto había cesado, las sirenas callado, y sus
                                    [ecos.
El que una vez las oye viudo y desolado queda
                                    [para siempre.

Desolación de la Quimera, 1962.

DESOLACIÓN DE LA QUIMERA

Todo el ardor del día, acumulado
En asfixiante vaho, el arenal despide.
Sobre el azul tan claro de la noche
Contrasta, como imposible gotear de un agua,
5   El helado fulgor de las estrellas,
Orgulloso cortejo junto a la nueva luna
Que, alta ya, desdeñosa ilumina
Restos de bestias en medio de un osario.
En la distancia aúllan los chacales.

10 No hay agua, fronda, matorral ni césped.
En su lleno esplendor mira la luna
A la Quimera lamentable, piedra corroída
En su desierto. Como muñón, deshecha el ala;
Los pechos y las garras el tiempo ha mutilado;
15 Hueco de la nariz desvanecida y cabellera,
En un tiempo anillada, albergue son ahora
De las aves obscenas que se nutren
En la desolación, la muerte.

Cuando la luz lunar alcanza
20 A la Quimera, animarse parece en un sollozo,
Una queja que viene, no de la ruina,
De los siglos en ella enraizados, inmortales
Llorando el no poder morir, como mueren las
                    [formas
Que el hombre procreara. Morir es duro,
25 Mas no poder morir, si todo muere,
Es más duro quizá. La Quimera susurra hacia la
                    [luna
Y tan dulce es su voz que a la desolación alivia.

"Sin víctimas ni amantes. ¿Dónde fueron lo
                  [hombres?

Ya no creen en mí, y los enigmas que yo les
[propusiera
30 Insolubles, como la Esfinge, mi rival y hermana,
Ya no les tientan. Lo divino subsiste,
Proteico y multiforme, aunque mueran los dioses.
Por eso vive en mí este afán que no pasa,
aunque pasó mi forma, aunque ni sombra soy;
35 Afán que se concreta en ver rendido al hombre
Temeroso ante mí, ante mi tentador secreto
[indescifrable.

"Como animal domado por el látigo,
El hombre. Pero, qué hermoso; su fuerza y su
[hermosura,
Oh dioses, cuán cautivadoras. Delicia hay en el
[hombre;
40 Cuando el hombre es hermoso, en él cuánta delicia.
Siglos pasaron ya desde que desertara el hombre
De mí y a mis secretos desdeñosos olvidara.
Y bien que algunos pocos a mí acudan,
Los poetas, ningún encanto encuentro en ellos,
45 Cuando apenas les tienta mi secreto ni en ellos
[veo hermosura.

"Flacos o fláccidos, sin cabellos, con lentes,
Desdentados. Ésa es la parte física
En mi tardío servidor; y, semejante a ella,
Su carácter. Aun así, no muchos buscan
[mi secreto hoy,
50 Que en la mujer encuentran su personal triste
[Quimera.
Y bien está ese olvido, porque ante mí no acudan
Tras de cambiar pañales al infante
O enjugarle nariz, mientras meditan
Reproche o alabanza de algún crítico.

55 "¿Es que pueden creer en ser poetas
Si ya no tienen el poder, la locura
Para creer en mí y en mi secreto?

Mejor les va sillón en academia
Que la aridez, la ruina y la muerte,
60   Recompensa que generosa di a mis víctimas,
Una vez ya tomada posesión de sus almas,
Cuando el hombre y el poeta preferían
Un miraje cruel a certeza burguesa.
"Bien otros fueron para mí los tiempos
65   Cuando feliz, ligera, hollaba el laberinto
Donde a tantos perdí y a tantos otros los dotaba
De mi eterna locura: imaginar dichoso, sueños
                                        [de futuro,
Esperanzas de amor, periplos soleados.
Mas, si prudente, estrangulaba al hombre
70   Con mis garras potentes, que un grano de locura
Sal de la vida es. A fuerza de haber sido,
Promesas para el hombre ya no tengo."

Su reflejo la luna deslizando
Sobre la arena sorda del desierto,
75   Entre sombras a la Quimera deja,
Calla en su dulce voz la música cautiva.
Y como el mar en la resaca, al retirarse
Deja a la playa desnuda de su magia,
Retirado el encanto de la voz, queda el desierto
80   Todavía más inhóspito, sus dunas
Ciegas y opacas, sin el miraje antiguo.

Muda y en sombra, parece la Quimera retraerse
A la noche ancestral del Caos primero;
Mas ni dioses, ni hombres, ni sus obras,
85   Se anulan si una vez son: existir deben
Hasta el amargo fin, perdiéndose en el polvo.
Inmóvil, triste, la Quimera sin nariz olfatea
Frescor de alba naciente, alba de otra jornada
Que no habrá de traerle piadosa la muerte,
90   Sino que su existir desolado prolongue todavía.

Desolación de la Quimera, 1962.

MANUEL ALTOLAGUIRRE

(Málaga, 1905 - Burgos, 1959)

R E S I D I Ó en su ciudad natal, donde creó la imprenta Sur con Emilio Prados, y desde 1931 en Madrid, donde siguió con la misma tarea, casado con la también escritora Concha Méndez. Fundador de las revistas poéticas *Litoral*, *Héroe*, etc., su obra poética es breve, de lenguaje sugestivo en busca de una realidad trascendente: *Las islas invitadas* (1926), *Poemas del agua* (1927), *Soledades juntas* (1931), etc. Comprometido con la República, salió de España en 1938 y vivió en Cuba y México, donde pudo cultivar su afición cinematográfica. En el exilio publicó: *Fin de un amor* (1949), *Poemas de América* (1955), entre otros libros. Murió a causa de un accidente de automóvil, cuando había venido a España a presentar una de sus películas.

Las islas invitadas. Ed. de Margarita Smerdou. Madrid, Castalia, 1973. *Poesías Completas*. Ed. de Margarita Smerdou y Milagros Arizmendi. Madrid, Cátedra, 1982. *Obras Completas*, vol. I. Ed. de James Valender. Madrid, Istmo, 1986.

LAS ISLAS INVITADAS

1
ESE MAR

Ese mar, amarillo, ácido, en donde
un solo barco de bambú ofrece,
al coro de las islas invitadas
mercancías
5   y en donde son bordados, no con vida,
peces nadadores,
vio aquel día
al sol astado con doce rayos gruesos,
prohibiendo enérgico a las aves
10   sus torpes vuelos femeninos.

2
SUS RAYOS

Sus rayos, tan duros y brillantes,
la luna —auriga de reflejos múltiples—
sacude violenta
para ahuyentar auroras,
5   pescando por los ojos, milagrosamente,
cada rayo su pez de inquieto brillo.

3
NEGRAS CABRAS

Negras cabras en fuga
perseguidas por el pastor,
que sube cotidiano
a la cumbre del día,
5   dieron la vuelta al mundo,

sorprendiendo —sus mil ojos brillantes—
acalorado ya, sangrante, rojo,
al fin de su descenso,
al pastor, que ignoraba
10   ser el broche de oro
del cinturón bordado de la tierra.

4

HOMBRES INMÓVILES

Hombres inmóviles
decorando jardines junto al mar,
y flores paseantes,
árboles de negocios
5   y plantas comerciales
recorriendo el asfalto
en confusa rutina;
tropel que perseguía
a un árbol grande en fuga,
10   acusado de no sé qué delito
contra la propiedad.

5

EL SOL

El sol bajaba entonces
al barranco profundo
que debe haber detrás del horizonte,
alargando las sombras
5   —lentas aguas opacas—
de lo erguido,
dando nuevos colores a las cosas,
como si presintiera
la negra oscuridad vecina,
10   inevitable, de la noche.

Las islas invitadas, 1926.

SEPARACIÓN

Mi soledad llevo dentro,
torre de ciegas ventanas.

Cuando mis brazos extiendo
abro sus puertas de entrada
5   y doy camino alfombrado
al que quiera visitarla.
Pintó el recuerdo los cuadros
que decoran sus estancias.
Allí mis pasadas dichas
10   con mi pena de hoy contrastan.

¡Qué juntos los dos estábamos!
¿Quién el cuerpo? ¿Quién el alma?
Nuestra separación última,
¡qué muerte fue tan amarga!

15   Ahora dentro de mí llevo
mi alta soledad delgada.

Ejemplo, 1927.

MIRADAS

Ojos de puente los míos
por donde pasan las aguas
que van a dar al olvido.
Sobre mi frente de acero
5   mirando por las barandas
caminan mis pensamientos.

Mi nuca negra es el mar,
donde se pierden los ríos,
y mis sueños son las nubes
10   por y para las que vivo.

Ojos de puente los míos
por donde pasan las aguas
que van a dar al olvido.

Poesía, 1930-1931.

BESO

¡Qué sola estabas por dentro!

Cuando me asomé a tus labios
un rojo túnel de sangre,
oscuro y triste, se hundía
5   hasta el final de tu alma.

Cuando penetró mi beso,
su calor y su luz daban
temblores y sobresaltos
a tu carne sorprendida.

10   Desde entonces los caminos
que conducen a tu alma
no quieres que estén desiertos.

¡Cuántas flechas, peces, pájaros,
cuántas caricias y besos!

Soledades juntas, 1931.

NOCHE HUMANA

Distancias y cercanías
apretadas te rodean.

Eres el centro del mundo,
y brotan de tu ceguera
5   ejes de luto y espanto
hasta el borde del planeta.

Angustiosos tactos surcan
oscuridades y estrellas.
Te ciñen los horizontes
10   y durísimos te aprietan.

Una geografía insensible
—montes, ríos y praderas—
se duerme sin la luz única
que dentro de ti se encuentra.

15   No te duelen las montañas
ni los mares te atormentan.
Tu corazón da su sangre
a escaso trozo de tierra.

Soledades juntas, 1931.

LA VOZ CRUEL

A Octavio Paz.[1]

Alzan la voz cruel
quienes no vieron el paisaje,
los que empujaron por el declive pedregoso
la carne ajena,
5   quienes debieron ser almas de todos
y se arrancaban de ellos mismos
cuerpos parásitos
para despeñarlos.

Mil muertos de sus vidas brotaban,
10   mil muertos solitarios
que miraban desde el suelo,
durante el último viaje,
la colosal estatua a la injusticia.

No eran muertos,
15   eran oprimidos,
seres aplastados,
ramas cortadas de un amante o de un padre,
seres conducidos por un deseo imposible,
topos del vicio
20   que no hallarán la luz
por sus turbias y blandas galerías.

Alzan la voz cruel
quienes no vieron este paisaje,

[1] *Octavio Paz* (1914). Poeta y ensayista mexicano, es quizás el escritor actual más reconocido de su país y una voz esencial en la lírica en lengua española de la segunda mitad del siglo. Premio Nobel 1990. Estuvo en España durante la guerra civil y participó en el II Congreso de Escritores Antifascistas de Valencia, circunstancias a las que responde el poema.

los que triunfaron
25   por la paz interior de sus mentiras.

¡Oh mundo desigual!
Mis ojos lloren
el dolor, la maldad:
la verdad humana.

La lenta libertad, 1936.

EJEMPLO

Cuando se aleje, suba, nos corone,
este espacio de tiempo incandescente,
esta guerra flamígera en que estamos,
cambiará con su lluvia y con su fuego,
5   los estériles campos de la Historia.
Todos los manantiales son heridas
y al quebrarse la tierra para el agua
olvida las tinieblas del subsuelo.
No hay corriente de goce que no venga
10   de una lejana fuente de amargura.
Al dar su luz el fuego se consume.
Así nuestro dolor tendrá su gloria.

Poetas en la España leal, 1937.

AMOR OSCURO

Si para ti fui sombra
cuando cubrí tu cuerpo,
si cuando te besaba
mis ojos eran ciegos,
5   sigamos siendo noche,
como la noche inmensos,
con nuestro amor oscuro,
sin límites, eterno...
Porque a la luz del día
10   nuestro amor es pequeño.

Poemas de las islas invitadas, 1944.

LAMENTO

Como de una semilla nace un bosque,
de mi pequeño corazón hundido
creció una selva de dolor y llanto.

Humo y clamor oscurecían el cielo,
5   que se alejaba de mi triste fronda,
cuando negó la tierra a mis raíces
linfas para el verdor oscurecido.
¿Cómo pudo secarse una esperanza,
hasta su queja dar con tanto fuego?

10   La pequeñez de mi secreta herida
me hace llorar aún más que la hermosura
del incendio que de ella se dilata.

Poemas de las islas invitadas, 1944.

Rafael Alberti, Fernando Villalón y Manuel Altolaguirre.

Madrid, 1929.

Gerardo Diego, flanqueado por Juan Larrea (dcha.) y el también
poeta Bernabé Herrero.

PARA ALCANZAR LA LUZ

Dicen que soy un ángel
y, peldaño a peldaño,
para alcanzar la luz
tengo que usar las piernas.

5   Cansado de subir, a veces ruedo
(tal vez serán los pliegues de mi túnica),
pero un ángel rodando no es un ángel
si no tiene el honor de llegar al abismo.

Y lo que yo encontré en mi mayor caída
10   era blando, brillante;
recuerdo su perfume;
su malsano deleite.

Desperté y ahora quiero
encontrar la escalera,
15   para subir sin alas
poco a poco a mi muerte.

"Nuevos poemas"
de *Las islas invitadas,* 1946.

COPA DE LUZ

Antes de mi muerte, un árbol
está creciendo en mi tumba.

Las ramas llenan el cielo,
las estrellas son sus frutas
5   y en mi cuerpo siento el roce
de sus raíces profundas.

Estoy enterrado en penas,
y crece en mí una columna
que sostiene al firmamento,
10   copa de luz y amargura.

Si está tan triste la noche
está triste por mi culpa.

Poemas de América, 1955.

JOSÉ MARÍA HINOJOSA

(Campillos, Málaga, 1904 - Málaga, 1936)

COMO poeta, mantuvo en su ciudad relaciones con Manuel Altolaguirre y fue director de la revista *Litoral*. Conoció la poesía surrealista en París, escribiendo algunos de los textos más característicos de esta tendencia en lengua española: *La flor de California* (1928) y *La sangre en libertad* (1931). Otros libros anteriores son *La rosa de los vientos* (1927) y *Orillas de la luz* (1928). Fue asesinado al comienzo de la guerra civil, por aparecer implicado en el levantamiento militar.

Poesías Completas. 2 Vols. Intr. de Julio Neira. Málaga, Litoral, 1983.

O[1]

Entro en el cabaret por una síncopa
y me arrullan palomas tartamudas,
en mi cuna de whisky sumergido,
andanzas sobre blancas dentaduras.

5   Baltimore pregona las melenas
que la batea de su playa ondula
y en el Mississipí baño mis manos
para mesar su frente de agua pura.

La luna estremecida entre los ébanos
10   deja su zumo en las arboladuras
de la ciudad perdida en mar compacto
de selva virgen y árida llanura.

Peregrino en las noches y en los días,
cabalgo la distancia de mis dudas;
15   sangra deseos mi costado abierto
y pongo en California mi figura.

Los Ángeles extienden sus secretos;
Charlot, con su pañuelo, me saluda
y en la playa dorada del Pacífico
20   mojan las olas mi cansada nuca.

La rosa de los vientos, 1926.

---

[1] *O*. Oeste. Forma parte de la serie que, a partir del título general, *La rosa de los vientos*, distribuye los poemas según los puntos cardinales.

MISTERIO DE LUZ Y SOMBRA

La sombra transparente de mis manos lleva en su cuerpo luz de mar y cielo, luz de noche y día, y, entre sus pliegues se oculta la savia de la higuera, carne de todas las interrogaciones.

5 Era yo mar y ella no lo sabía cuando el cielo iba derramándose tras el horizonte y el horizonte nos lo devolvía convertido en barcos de todos los países, engalanados con toda clase de banderas que pudiesen imaginar sus ojos.

10 Una sola pregunta bastaría para que mis manos dejasen de dar sombra cayendo confundidas en el mar todas las dimensiones de la tierra.

¿Por qué ocultas detrás de tus ojos esa avestruz morada capaz de atravesar un desierto?

Orillas de la luz, 1927.

LA FLOR DE CALIFORNÍA
[Fragmento]

II

Envuelto en un rumor de olas atajo en mi cere-
bro todos los pensamientos que pretenden esca-
parse por la escotilla y mientras apoyo mi mano
sobre el testuz de Napoleón cae rodando mi
5   cabeza por las cataratas del Niágara. Jamás he pre-
tendido ser un saltimbanqui para apoyar mi cuerpo
sobre el dedo del corazón y aunque lo afirmasen
todos los horóscopos yo podría negarlo aún con
sólo dar una pincelada de azul cobalto sobre la
10   estatua de la Libertad. Siempre podría negarlo y la
negación sería infinita convirtiéndose en un punto
negro enorme, lo suficiente para eclipsar al Sol y
con esto me bastaría para bañarme tranquilamente
a la luz de la Luna sin que las aguas mojasen mi
15   cuerpo envuelto en el original de "La epístola a los
Corintios". Yo soy la epístola y náufrago entre
almas desvencijadas de ateos comulgaré todas las
mañanas con almendras amargas.
Yo soy la epístola, corintios, tomad y comed por-
20   que mi cuerpo va detrás de mi cabeza por las cata-
ratas del Niágara y mi alma está entre vuestras
almas hecha epístola. ¡Tomad y bebed agua del
Niágara porque es sangre de mi sangre! Vuestros
disparos no me hieren porque mi cuerpo es blanco
25   y se confunde con las nubes y con la cal; con la
espuma y con la sal. La nieve no me sirve para ocul-
tarme, mi cuerpo ensangrentado la teñiría de rojo y
los corintios se verían defraudados al encontrar mi
rastro. ¡Oh! si la gran negación se transformase en
30   este pez que llevo en la mano quizás se escurriría de
entre mis dedos y caería al mar para dar la vuelta al

mundo a través de las aguas pero la negación está firmemente entrelazada a mis dedos y tendría que sumergirlos en azufre para dejarlos en libertad.

35 ¡Tomad y comed! ¡Tomad y bebed! Que el dedo del corazón entrará a rosca en la cúspide de la pirámide Cheops y quedará mi cuerpo flotando en el aire en espera de la resurrección de la carne y de la apertura de las primaveras y para ello no nece-
40 sitaré la partida de nacimiento ni la bendición de Su Santidad.

Entonces, corintios, haciendo de mi cuerpo un arco y de mi alma una flecha me dispararé en las cuatro direcciones de los puntos cardinales y caerá
45 sobre todo el globo terrestre una capa de ceniza roja hecha con la cremación de mi carne.

La flor de California, 1928.

NUESTRO AMOR
EN EL ARCO IRIS

Nuestros cabellos flotan en la curva del aire
y en la curva del agua flota un barco pirata
que lleva en su cubierta entre cercos de brea
tus miradas de ámbar y el ámbar de tus manos.

5   Nuestros cabellos flotan en aire enrojecido
mientras su cuerpo pende hecha color su carne
de los siete colores tendidos en un arco
sobre el cielo de hule herido por sus ojos.

¿Por qué siempre rehúyes el encerrar tu carne
10   en mi carne cuajada de flores y de heridas
abiertas con puñales en madrugadas blancas
llegadas del desierto entre nubes de polvo?

Nuestros cabellos flotan en la curva del aire
envueltos entre ráfagas de crímenes violentos
15   y manos inocentes quieren lavar la sangre
derramada en la tierra por el primer amor.

La sangre en libertad, 1931.

MIGUEL HERNÁNDEZ

(Orihuela, Alicante, 1910 - Alicante, 1942)

P O E T A de rápida y cambiante trayectoria, desde su pueblo natal con su amigo Ramón Sijé, a Madrid, con la generación del 27 y Pablo Neruda, siempre en busca de voz propia, que aparece clara en 1936 (y reconocida por Juan Ramón Jiménez). Pasa por una etapa de influencia gongorina y clásica, hasta *Perito en lunas* (1932). Intenso y barroco es su verso en *El rayo que no cesa* (1936). Comprometido en la lucha civil con la propaganda activa, publica *Viento del pueblo* (1937) y escribe *El hombre acecha*. Huye al terminar la guerra, pero es detenido y condenado a muerte, sentencia que no se ejecuta. Pasa por diversas cárceles —Madrid, Ocaña, Alicante—. Muere en esta última prisión, solo, en penosas condiciones de abandono, dejando el *Cancionero y romancero de ausencias* y otros poemas. Su obra dramática consta de *Hijos de la piedra* (1935), *El labrador de más aire* (1936) y *Pastor de la muerte* (1937).

Obra Poética Completa. Ed. de Leopoldo de Luis y Jorge Urrutia. Madrid, Alianza, 1982. *Obra Completa.* Ed. de Agustín Sánchez Vidal, José Carlos Rovira y Carmen Alemany. Madrid, Espasa-Calpe, 1992.

GOTA DE AGUA

Gota: segundo de agua, desemboca,
de la cueva, llovida ya, en el viento:
se reanuda en su origen por la roca,
igual que una chumbera de momento.
5   Cojo la ubre fruncida, y a mi boca
su vida, que otra mata aun muerta, siento
venir, tras los renglones evasivos
de la lluvia, ya puntos suspensivos.

Perito en lunas, 1933.

2

¿No cesará este rayo que me habita
el corazón de exasperadas fieras
y de fraguas coléricas y herreras
donde el metal más fresco se marchita?

5   ¿No cesará esta terca estalactita
de cultivar sus duras cabelleras
como espadas y rígidas hogueras
hacia mi corazón que muge y grita?

Este rayo ni cesa ni se agota:
10   de mí mismo tomó su procedencia
y ejercita en mí mismo sus furores.

Esta obstinada piedra de mí brota
y sobre mí dirige la insistencia
de sus lluviosos rayos destructores.

El rayo que no cesa, 1936.

4

Me tiraste un limón, y tan amargo,
con una mano cálida, y tan pura,
que no menoscabó su arquitectura
y probé su amargura sin embargo.

5   Con el golpe amarillo, de un letargo
dulce pasó a una ansiosa calentura
mi sangre, que sintió la mordedura
de una punta de seno duro y largo.

Pero al mirarte y verte la sonrisa
10   que te produjo el limonado hecho,
a mi voraz malicia tan ajena,

se me durmió la sangre en la camisa,
y se volvió el poroso y áureo pecho
una picuda y deslumbrante pena.

El rayo que no cesa, 1936.

ELEGÍA

*(En Orihuela, su pueblo y el mío, se me ha
muerto como del rayo Ramón Sijé, con
quien tanto quería.)* [1]

Yo quiero ser llorando el hortelano
de la tierra que ocupas y estercolas,
compañero del alma, tan temprano.

Alimentando lluvias, caracolas
5   y órganos mi dolor sin instrumento,
a las desalentadas amapolas

daré tu corazón por alimento.
Tanto dolor se agrupa en mi costado,
que por doler me duele hasta el aliento.

10   Un manotazo duro, un golpe helado,
un hachazo invisible y homicida,
un empujón brutal te ha derribado.

No hay extensión más grande que mi herida,
lloro mi desventura y sus conjuntos
15   y siento más tu muerte que mi vida.

Ando sobre rastrojos de difuntos,
y sin calor de nadie y sin consuelo
voy de mi corazón a mis asuntos.

---

[1] *Ramón Sijé* (1913-1935). Su nombre era José Marín
Gutiérrez. Intelectual católico, escritor y director de la revista *El
Gallo Crisis*, que él fundó. Tuvo mucha influencia sobre Miguel
Hernández. Para esto, véase la Introducción y la Bibliografía.
Murió casi repentinamente en el mes de diciembre, después de un
intenso esfuerzo para terminar un trabajo sobre el Romanticismo.
Miguel Hernández estaba ya entonces en Madrid.

Temprano levantó la muerte el vuelo,
20   temprano madrugó la madrugada,
temprano estás rodando por el suelo.

No perdono a la muerte enamorada,
no perdono a la vida desatenta,
no perdono a la tierra ni a la nada.

25   En mis manos levanto una tormenta
de piedras, rayos y hachas estridentes
sedienta de catástrofes y hambrienta.

Quiero escarbar la tierra con los dientes,
quiero apartar la tierra parte a parte
30   a dentelladas secas y calientes.

Quiero minar la tierra hasta encontrarte
y besarte la noble calavera
y desamordazarte y regresarte.

Volverás a mi huerto y a mi higuera:
35   por los altos andamios de las flores
pajareará tu alma colmenera

de angelicales ceras y labores.
Volverás al arrullo de las rejas
de los enamorados labradores.

40   Alegrarás la sombra de mis cejas,
y tu sangre se irán a cada lado
disputando tu novia y las abejas.

Tu corazón, ya terciopelo ajado,
llama a un campo de almendras espumosas
45   mi avariciosa voz de enamorado.

A las aladas almas de las rosas
del almendro de nata te requiero,
que tenemos que hablar de muchas cosas,
compañero del alma, compañero.

(10 de enero de 1936.)

El rayo que no cesa, 1936.

SONETO FINAL

Por desplumar arcángeles glaciales,
la nevada lilial de esbeltos dientes
es condenada al llanto de las fuentes
y al desconsuelo de los manantiales.

5   Por difundir su alma en los metales,
por dar el fuego al hierro sus orientes,
al dolor de los yunques inclementes
lo arrastran los herreros torrenciales.

Al doloroso trato de la espina,
10 al fatal desaliento de la rosa
y a la acción corrosiva de la muerte

arrojado me veo, y tanta ruina
no es por otra desgracia ni otra cosa
que por quererte y sólo por quererte.

El rayo que no cesa, 1936.

EL NIÑO YUNTERO[2]

Carne de yugo, ha nacido
más humillado que bello,
con el cuello perseguido
por el yugo para el cuello.

5   Nace, como la herramienta,
a los golpes destinado,
de una tierra descontenta
y un insatisfecho arado.

Entre estiércol puro y vivo
10   de vacas, trae a la vida
un alma color de olivo
vieja ya y encallecida.

Empieza a vivir, y empieza
a morir de punta a punta
15   levantando la corteza
de su madre con la yunta.

Empieza a sentir, y siente
la vida como una guerra,
y a dar fatigosamente
20   en los huesos de la tierra.

Contar sus años no sabe,
y ya sabe que el sudor
es una corona grave
de sal para el labrador.

25   Trabaja, y mientras trabaja
masculinamente serio,
se unge de lluvia y se alhaja
de carne de cementerio.

[2] Este poema y el siguiente son testimonio de la importante
actividad literaria de Miguel Hernández durante la guerra civil,
junto al ejército de la República y en varios frentes.

A fuerza de golpes, fuerte,
30   y a fuerza de sol, bruñido,
con una ambición de muerte
despedaza un pan reñido.

Cada nuevo día es
más raíz, menos criatura,
35   que escucha bajo sus pies
la voz de la sepultura.

Y como raíz se hunde
en la tierra lentamente
para que la tierra inunde
40   de paz y panes su frente.

Me duele este niño hambriento
como una grandiosa espina,
y su vivir ceniciento
revuelve mi alma de encina.

45   Le veo arar los rastrojos,
y devorar un mendrugo,
y declarar con los ojos
que por qué es carne de yugo.

Me da su arado en el pecho,
50   y su vida en la garganta,
y sufro viendo el barbecho
tan grande bajo su planta.

¿Quién salvará a este chiquillo
menor que un grano de avena?
55   ¿De dónde saldrá el martillo
verdugo de esta cadena?

Que salga del corazón
de los hombres jornaleros,
que antes de ser hombres son
60   y han sido niños yunteros.

Viento del pueblo, 1937.

CANCIÓN
DEL ESPOSO SOLDADO [3]

He poblado tu vientre de amor y sementera,
he prolongado el eco de sangre a que respondo
y espero sobre el surco como el arado espera:
he llegado hasta el fondo.

5   Morena de altas torres, alta luz y altos ojos,
esposa de mi piel, gran trago de mi vida,
tus pechos locos crecen hacia mí dando saltos
de cierva concebida.

Ya me parece que eres un cristal delicado,
10 temo que te me rompas al más leve tropiezo,
y a reforzar tus venas con mi piel de soldado
fuera como el cerezo.

Espejo de mi carne, sustento de mis alas,
te doy vida en la muerte que me dan y no tomo.
15 Mujer, mujer, te quiero cercado por las balas,
ansiado por el plomo.

Sobre los ataúdes feroces en acecho,
sobre los mismos muertos sin remedio y sin fosa
te quiero, y te quisiera besar con todo el pecho
20 hasta en el polvo, esposa.

Cuando junto a los campos de combate te piensa
mi frente que no enfría ni aplaca tu figura,
te acercas hacia mí como una boca inmensa
de hambrienta dentadura.

---

[3] Expresa aquí, en las mismas circunstancias bélicas, el dolor personal del propio poeta-soldado, separado de su vida. Véase luego el poema "Menos tu vientre/ todo es confuso..."

25 Escríbeme a la lucha, siénteme en la trinchera:
aquí con el fusil tu nombre evoco y fijo,
y defiendo tu vientre de pobre que me espera,
y defiendo tu hijo.

Nacerá nuestro hijo con el puño cerrado,
30 envuelto en un clamor de victoria y guitarras,
y dejaré a tu puerta mi vida de soldado
sin colmillos ni garras.

Es preciso matar para seguir viviendo.
Un día iré a la sombra de tu pelo lejano,
35 Y dormiré en la sábana de almidón y de estruendo
cosida por tu mano.

Tus piernas implacables al parto van derechas,
y tu implacable boca de labios indomables,
y ante mi soledad de explosiones y brechas
40 recorres un camino de besos implacables.

Para el hijo será la paz que estoy forjando.
Y al fin en un oceáno de irremediables huesos
tu corazón y el mío naufragarán, quedando
una mujer y un hombre gastados por los besos.

Viento del pueblo, 1937.

CANCIÓN ÚLTIMA

Pintada, no vacía:
pintada está mi casa
del color de las grandes
pasiones y desgracias.

5 Regresará del llanto
adonde fue llevada
con su desierta mesa,
con su ruinosa cama.

Florecerán los besos
10 sobre las almohadas.

Y en torno de los cuerpos
elevará la sábana
su intensa enredadera
nocturna, perfumada.

15 El odio se amortigua
detrás de la ventana.

Será la garra suave.

Dejadme la esperanza.

El hombre acecha, 1937-1939.

[16][4]

Cuerpo del amanecer:
flor de la carne florida.
Siento que no quiso ser
más allá de flor tu vida.

5   Corazón que en el tamaño
de un día se abre y se cierra.
La flor nunca cumple un año,
y lo cumple bajo tierra.[5]

*Cancionero
y romancero de ausencias,* 1938-1941.

[4] Seguimos el orden y la numeración de estos poemas en la
edición de *Obras Completas. I. Poesía.* Madrid, Espasa-Calpe,
1992.
[5] El primer hijo de Miguel Hernández nació en 1937 y murió
antes de cumplir un año.

[25]

Llegó con tres heridas:
la del amor,
la de la muerte,
la de la vida.

5 Con tres heridas viene:
la de la vida,
la del amor,
la de la muerte.

Con tres heridas yo:
10 la de la vida,
la de la muerte,
la del amor.

*Cancionero
y romancero de ausencias*, 1938-1941.

[27]

Cogedme, cogedme.
Dejadme, dejadme,
fieras, hombres, sombras,
soles, flores, mares.

5 Cogedme.
Dejadme.

*Cancionero
y romancero de ausencias,* 1938-1941.

[59]

Tristes guerras
si no es amor la empresa.
Tristes, tristes.
Tristes armas
5 si no son las palabras.

Tristes, tristes.

Tristes hombres
si no mueren de amores.
Tristes, tristes.

Cancionero
y romancero de ausencias, 1938-1941.

[63]

Menos tu vientre,
todo es confuso.

Menos tu vientre,
todo es futuro
5   fugaz, pasado
baldío, turbio.

Menos tu vientre,
todo es oculto.

Menos tu vientre
10 todo inseguro,
todo postrero,
polvo sin mundo.

Menos tu vientre
todo es oscuro.
15 Menos tu vientre
claro y profundo.

*Cancionero
y romancero de ausencias,* 1938-1941.

SEPULTURA
DE LA IMAGINACIÓN

Un albañil quería... No le faltaba aliento.
Un albañil quería, piedra tras piedra, muro
tras muro, levantar una imagen al viento
desencadenador en el futuro.

5   Quería un edificio capaz de lo más leve.
No le faltaba aliento. ¡Cuánto aquel ser quería!
Piedras de plumas, muros de pájaros los mueve
una imaginación al mediodía.

Reía. Trabajaba. Cantaba. De sus brazos,
10   con un poder más alto que el ala de los truenos,
iban brotando muros lo mismo que aletazos.
Pero los aletazos duran menos.

Al fin, era la piedra su agente. Y la montaña
tiene valor de vuelo si es totalmente activa.
15   Piedra por piedra es peso y hunde cuanto acompaña
aunque esto sea un mundo de ansia viva.

Un albañil quería... Pero la piedra cobra
su torva densidad brutal en un momento.
Aquel hombre labraba su cárcel. Y en su obra
20   fueron precipitados él y el viento.

Últimos poemas.

LA POESÍA EN COMBATE
(1936-1939)

ADEMÁS de la abundante producción poética publicada en revistas y periódicos republicanos (*El mono azul, Hora de España,* etc.) durante la guerra civil, se imprimieron libros como *Romancero de la guerra civil* (Madrid, 1936), *Romancero general de la guerra de España* (Valencia, 1937), *Poetas en la España leal* (Madrid-Valencia, 1937) y otras obras. También revistas como *Cauce* mostraron la creación literaria del bando sublevado y, al final de la contienda, la poesía recogida canta los signos y emblemas de la victoria: *Corona poética en honor a José Antonio* (Madrid, 1939), *Lira bélica* (Santander, 1939), *Antología poética del alzamiento 1936-1939,* de J. Villén (Cádiz, 1939). Como los poemas correspondientes a los autores seleccionados ocupan su posición cronológica, aquí se incluyen sólo ejemplos de la poesía de ambos bandos, de autores no consagrados o de algún modo ocasionales, que tiene que ver directamente con las circunstancias militares. A los poetas de la "generación del 36" (Rosales, Ridruejo, etc.) les corresponde un lugar en el segundo volumen de esta *Antología.*

Edición facsimilar de *Poetas en la España leal.* Madrid, Editorial Hispamerca, 1976. Recopilaciones: *Romancero de la resistencia española.* Ed. de Darío Puccini. México, Era, 1967. *Romancero de la guerra civil.* Ed. de Francisco Caudet. Madrid, Ediciones de la Torre, 1978. *Romancero de la guerra civil.* Ed. de Gonzalo Santonja. Madrid, Visor, 1984. *Poesía de la guerra civil española. 1936-1939,* ed. de César de Vicente Hernando. Madrid, Akal, 1994.

PAISAJE DE GUERRA

Luce la luna en los campos de batalla.
La montaña obscura refleja su contorno
sobre el surco de un arado que grabó la tierra
trazando paralelas de abultado lomo.

5 Luce y refulge el plateado astro.
Sus rayos fríos hieren los fusiles,
que vomitan fuego sin descanso
hacia el pecho traidor de los civiles.
Ladra ametralladora entre ayes feroces,
10 llevando en sí la muerte acelerada
de un telégrafo fatal. Su triste Morse
da una muerte dantesca a la canalla.

Amanece ya la aurora entre las nubes.
El campo yace sombrío, desolado.
15 El espectro de la guerra se descubre
en los charcos de sangre, en los poblados.

El sol dorado en las alturas.
Nace el trigo entre amapolas de sangre
y huesos calcinados. Ésta es la gesta
20 historiable de nuestra España futura.

LEGAZPI
Horizontes, 1, 1937.

LIBERTAD

Y aquí está España, toda, con su guerra civil
vestida de luz propia para la propia hazaña;
ya ha brotado la raza con renuevo viril
ya cabalga Quijano, ya está ante el mundo España.

5 Está de pie la raza luchando con fervor
con el rumbo que marca su tradición gloriosa;
requetés y falange con su legión de honor
en esta hora solemne, feliz y luminosa.

Por España y por Cristo vamos a pelear;
10 la Cruz es nuestra enseña refulgente y simbólica,
las trompetas se escuchan de cerca resonar.
¡Ya llega la victoria de la España católica!

¡Adelante, españoles! El mundo nos admira.
¡Soldados de la patria, por España a vencer!
15 ¡Quién pudiera en espada trocar la humilde lira
para ayudar a España en este amanecer!

Dios así lo ha querido; por Él es nuestra guerra;
desde que España existe esa fue nuestra Ley;
ser el pueblo elegido que defiende en la tierra
20 la religión bendita de Cristo nuestro Rey.

Y porque Dios lo quiere la patria se levanta
decidida a imponer al mundo su verdad,
que es la verdad de Cristo, la verdad sacrosanta
sin la cual no es posible ni paz, ni caridad.

25 ¡Hermanos de mi raza, escuchad los clarines
que anuncian la victoria del uno al otro flanco!
¡Venid, cantad conmigo por todos los confines
de la patria, los himnos a nuestro insigne Franco!

JOSÉ MARTÍNEZ ARENAS
Cancionero de la esclavitud, 1939.

A ESPAÑA

(Soneto)

Arrastrando la cruz de tus dolores
como la sombra de una gloria muerta,
mendigabas salud de puerta en puerta
sedienta de divinos resplandores.

5   Pero un día, cornetas y tambores,
cuando tu muerte parecía cierta,
tocaron a victoria y en tu huerta
saltó la vida en inmortales flores.

Bosques de Garcilasos soñadores
10   vigilan con afán el nuevo día
presos en el airón de dos colores.

Y hay un temblor de gracia y poesía
sobre el martirio precursor de amores,
que España es otra vez luz y alegría.

FRANCISCO JAVIER MARTÍN ABRIL
Romancero guerrero, 1937.

ROMANCE
DE LA DEFENSA DE MÁLAGA

Málaga, tu corazón
tiene fronteras de hielo,
que apagarán tus latidos
si no despiertas a tiempo.
5 Cuchillos que se quebraron
en Madrid frente a un gran pueblo,
quieren clavarte la muerte
cuando te cerca ya el sueño.
¡Málaga, la angustia rueda
10 alrededor de tu cuerpo!
¡Levanta pronto tu pulso
si no quieres verlo muerto!
¡Málaga, responde ahora,
que si tu voz no la encuentro,
15 la España que sangra y muere
desde tu arena hasta Oviedo,
te acusará por ser mármol
cuando la lucha está ardiendo!
¡Despierta, pronto, que quieren
20 que estrangulada en un cerco,
el mar se cubra de rojo
con la sangre de tu cuerpo!
¡Despierta, pronto, que viene
una muralla de fuego,
25 desde Estepona a Marbella
para ennegrecer tu suelo,
quemándote las entrañas
con toda la muerte dentro!
¡Vamos todos a la lucha,
30 con palas, picos y acero,
que por las costas avanzan
para cortarte los pechos!
¡Vamos, Málaga la Roja,

a estrangularlos sin miedo!
35 Más firmes que las espigas,
aunque la nieve pisemos,
más despiertos que los ríos
que no conocen el sueño,
más duros que el duro mármol,
40 más calientes, más sedientos,
¡en pie, todos! ¡preparemos
una barrera de pechos!
Nadie duerma, que el fascismo
no duerme, que está despierto.
45 Que se levanten ardientes
todos los pulsos de hielo.
Que cada garganta fría
sea un surtidor de fuego.
Que cada brazo caído
50 sea un muro en movimiento.
¡Málaga, despierta ahora!
¡Que vibre tu pulso a tiempo!
¡Nadie duerma, que la muerte
está rondando tu cuerpo!

ADOLFO SÁNCHEZ VÁZQUEZ
Romancero general
de la guerra de España, 1937.

SERRANILLA

Por los montes y collados
jóvenes alientos van;
son los milicianos, madre,
contra el traidor a luchar.
5   Ya suben por la vereda
alta que va hasta el canchal;
de Segovia la llanura
tendida lejos está;
de pinares y praderas
10   el monte que han de pisar;
por las breñas y las lajas
mucho tienen que saltar;
por los valles y las trochas
sus pies tienen que mijar,
15   los soles que los alumbran
su piel levantado han,
y los tiros maldiciones
y rabia para luchar.
Por los montes y collados
20   jóvenes alientos van.

UN MILICIANO

LOS DOS SOLDADOS

Ven, hermano campesino,
ven y charlemos un rato
que yo, regreso del frente
y tú, regresas del campo.

5   Los dos cada uno a su modo
contra el fascismo luchamos
yo, con mis armas de fuego,
tú con azada y arado.

Yo defendiendo tu vida.
10   tú, la mía asegurando;
los dos con fe y con firmeza,
con vigor, con entusiasmo.

Ven y charlemos amigo,
ven y hablemos hermano,
15   los dos sabemos de lucha,
los dos sufrimos engaños.

Después de charlar iremos
cada cual por nuestro lado;
pero nuestros corazones
20   nadie podrá separarlos,
porque tú y yo, campesino,
somos por igual, soldados.

VICENTE RIOJA
En Marcha, 50, 1938.

LA VENTANA

    Tengo la ventana
al campo;
allá lejos,
la trinchera,
5   aquí cerca,
el campesino
trabaja la dura tierra.
Canta la maxim,[1]
cruje el arado:
10   ésta es la guerra.

ORTIZ
Unidad, 15, 1938.

[1] Modelo de ametralladora, así llamado por el nombre de su inventor, Hiram S. Maxim (1840-1916).

CANTAR DE SIEGA

Blanca me era yo,
cuando entré en la siega;
diome el sol y ya soy morena.

Blanca solía yo ser
5   antes que a segar viniese,
mas no quiso el sol que fuese
blanco el fuego en mi poder.

Mi edad al amanecer
era lustrosa azucena;
10   diome el sol y ya soy morena.

La vanguardia de los Niños, 5, 1938.

LA VICTORIA

Julio, 1939.

Un dorado clamor de ocultas alas
anunciando la Nueva Primavera.
Un nuevo sol bañando la Bandera
nimbada de oros y recientes galas.

5   Un fragor luminoso de las balas
indomables, brotando de la esfera
donde anidan los cóndores e impera
el ¡Arriba! imperial de las escalas

de espigas y la lírica semilla
10   de las Auroras en que fértil brilla
el milagroso cántico: La Gloria.

¡Mirad, hombres de España, dónde orilla
su sien pálida el Héroe, izar Castilla
su luz única, ingente!: ¡La Victoria!...

JOSÉ MARÍA LUELMO
Escala del Imperio, 1939.

ÍNDICE DE AUTORES Y OBRAS

ÍNDICE DE PRIMEROS VERSOS

441

ÍNDICE DE LÁMINAS

ESTE LIBRO
SE TERMINÓ DE IMPRIMIR
EL DÍA 15 DE ABRIL DE 1996.